Denken in einer schlechten Welt

Für D., natürlich

Inhalt

I.
Die Kultur mit der Gesellschaft konfrontieren

Die Frage des Verhältnisses von Kultur und Politik, der gesellschaftlichen Einmischung oder auch der Aufgabe des Intellektuellen lässt die Philosophie, die Theorie und die Sozialwissenschaften nicht los. Es gibt keine Denktradition, Schule oder Lehre, die nicht zu irgendeinem Zeitpunkt gezwungen gewesen wäre, zu dieser Debatte Stellung zu beziehen und das eigene Verständnis von Theorie und Wissen sowie von der Verantwortung des Autors darzulegen; zweifellos deshalb, weil man sich als Wissenschaftler oder Intellektueller nicht der notwendigen Auseinandersetzung mit dem Problem entziehen kann, worin der eigene Nutzen besteht und wie er zu bestimmen ist – und sei es mitunter auch nur, um die Relevanz solcher Fragen zurückzuweisen.

Die Ergründung des Verhältnisses geistiger Tätigkeit zur Welt ist keine Frage unter anderen. Sie ist irritierend und unbequem, denn implizit oder explizit führt sie immer dazu, dass wir uns einem Problem stellen müssen, mit dem wir uns – sei es als Leser oder als Autor – lieber nicht befassen würden: dem Problem des Werts und der Bedeutung der Tätigkeit, der wir unser Leben widmen. Es nötigt uns, Distanz zu uns selbst einzunehmen und unser spontanes Einverständnis mit der eigenen Existenz aufzugeben, um uns zu fragen: Wozu ist das, was wir tun, eigentlich gut? Wozu ist das, was ich tue, gut? Warum schreiben? Warum publizieren? Welchen Sinn hat diese Praxis? Wozu Kolloquien, Veranstaltungen, Bücher? Welche Dispositive oder Normen stützen die Bedeutung der von uns praktizierten Wissenschaft, Literatur oder Kunst? Und vor allem: Wie lässt sich das Verfassen theoretischer Literatur mit oppositioneller Praxis in Einklang bringen? Man kann unmöglich Autor, Intellektueller, Wissenschaftler, ja überhaupt Produzent symbolischer Güter sein, ohne von solchen Fragen umgetrieben zu werden und eine gewisse Angst vor den Ansprüchen zu spüren, die sie an einen stellen.

Wenn man von einer Frage verfolgt wird, muss man sich deshalb noch lange nicht direkt und umfassend mit ihr auseinandersetzen. Man kann sie auch verdrängen, auf Abstand halten, man kann sich Mühe geben, sie nicht zu stellen oder ihre Stichhaltigkeit zu bestreiten, um sich ihrer verunsichernden Kraft zu entziehen. Zwischen den Fragen selbst und der Art der Befragung ist sorgfältig zu unterscheiden: Bestimmte Arten der Problematisierung stellen in Wirklichkeit ein Ablenkungsmanöver und eine Entledigung von realen Problemen dar, denen eigentlich nachzugehen wäre.

Doch nur weil eine Frage nicht ausdrücklich gestellt wird, heißt das nicht, dass sie nicht in den Köpfen präsent ist. Sie kann durchaus im Bewusstsein vorhanden sein, es beschäftigen und plagen – und zugleich unterdrückt werden. Man weicht ihr mithilfe von individuellen und kollektiven Techniken aus, damit man sein Leben weiterführen kann, als wäre nichts gewesen; man erfindet Gründe – die uns die Gesellschaft häufig nahelegt und zur Verfügung stellt –, um sich einzureden, es sei gut, wenn alles so bleibt, wie es ist.

In der philosophischen und sozialwissenschaftlichen Literatur wird das Verhältnis von Wissenschaft und Politik seit dem späten 19. Jahrhundert zumeist aus einem erkenntnistheoretischen oder methodologischen Blickwinkel thematisiert, so in Debatten über Auffassungen von Wahrheit, Normativität, das Verhältnis zu Werten und über den möglichen Zusammenhang von »Wissen« und »Einmischung«, von Methoden der Objektivierung und Voreingenommenheit in der Sozialforschung, über das Verhältnis von Wahrheit, Meinung und Objektivität etc.

Solche Fragen sind selbstverständlich keineswegs unzulässig. Das Problem von Wissen und Politik aus einem strikt erkenntnistheoretischen und methodologischen Blickwinkel anzugehen, heißt jedoch zunächst, dass man es in den üblichen Formen und Formaten behandelt – obwohl es gerade diese infrage zu stellen oder wenigstens zu überprüfen gilt. Vor allem aber wird das Problem so aus dem sozialen, politischen und ökonomischen Kontext gelöst, in den es eingebettet ist. Stellt man die Frage nach der Beziehung zwischen Autoren und Welt auf diese Weise, dann wird sehr schnell die Figur des Wissenschaftlers zum Thema, und die Diskussion gerät zu einer abstrakten Untersuchung von Wissen, Wahrheit und Formen des Schreibens. Der andere Strang des Problems verschwindet dagegen vollständig: Die Außenwelt, die Politik, die Form unserer Einbeziehung in die Gesellschaft und die Zwänge, die sie uns auferlegt – das alles wird vergessen, getilgt. Was würde es jedoch bedeuten, andersherum bei der Welt und der Politik zu beginnen, um davon ausgehend den Begriff von Wissen und Wissenschaft sowie die Formen des Denkens zu rekonstruieren?

Die Frage nach den Beziehungen zwischen Wissen und Politik eröffnet zunächst eine ganze Reihe von ethisch-praktischen Problemen. Reduziert man sie auf eine erkenntnistheoretische oder methodologische Reflexion, entschärft man sie folglich – ein Akt der Entstellung und Verdrängung, der es ermöglicht, die Probleme in ihrer konkreten, materiellen Gestalt zu ignorieren.

Dagegen möchte ich hier versuchen, die Reflexion über das geistige und wissenschaftliche Leben bis an ihren Endpunkt zu treiben und ihr Potenzial zur Hinterfragung und Verunsicherung vollständig auszuschöpfen. Dazu müssen wir uns *auf eine ethische Ebene* begeben und die Formen der kulturellen Praxis ausgehend von der Welt und unserer Lage in ihr bestimmen.

Engagement

Um klar hervorzuheben, warum die Untersuchung des intellektuellen Lebens – und letztlich aller Formen der symbolischen Produktion – meines Erachtens zwangsläufig eine ethische Dimension einschließt, möchte ich zunächst auf der Tatsache beharren, dass, abstrakt betrachtet, niemand je gezwungen ist, sich zu engagieren, politisch aktiv zu werden und zu kämpfen. Mir persönlich haben die Aufforderungen zur »Mobilisierung« oder zur »Courage« noch nie gefallen, die man in aktivistischen und politischen Texten findet, häufig in Form eines fragwürdigen Anprangerns der »Feigheit« (der »Masse«), der »Gleichgültigkeit« oder der »Passivität« derjenigen, die sich nicht engagieren und stattdessen an das System anpassen.

Weil wir im Leben zumeist aus zufälligen Gründen an diesen oder jenen Ort geworfen sind, haben wir keine ethische oder moralische Pflicht, einzugreifen, wenn wir mit der gegebenen Welt oder den in ihr herrschenden Systemen nicht einverstanden sind. Wann und wo wir geboren sind, an welchem Ort wir uns befinden, was wir sehen und ob wir in diesem oder jenem Dispositiv der Macht gefangen sind, das alles haben wir uns nicht ausgesucht, und deshalb lastet auf uns keinerlei Pflicht zum Engagement. Es gibt keine ontologische Verantwortung gegenüber dem, was in der Welt geschieht.

Sobald man jedoch schreibt, sobald man sich dafür entscheidet, zu publizieren, zu forschen oder kulturell tätig zu werden, ändert sich alles. Ein solches Tun setzt den mehr oder weniger bewussten, zu diesem oder jenem Zeitpunkt getroffenen Entschluss voraus, zu den Produzenten von Ideen zu gehören, Diskurse zu verbreiten, also zur *Gestaltung des Laufs der Welt beitragen* zu wollen. In diesem Moment haben wir uns folglich *entschieden, uns zu engagieren. Wir sind in etwas engagiert.* Und damit können wir die politische Dimension unseres Handelns nicht länger verdrängen und bestreiten.

Die Welt ist schlecht

Jede kulturelle Praxis ist durch einen konkreten Akt des Engagements bedingt. Die Antwort auf die Frage nach legitimen Formen und Arten des Schreibens, Denkens oder Publizierens muss folglich *mit Blick auf diese Begegnung mit der Welt* entwickelt werden. Eine Feststellung, die uns beunruhigen und stets gegenwärtig sein muss, soll dabei federführend sein: Die Welt ist ungerecht, sie ist schlecht, sie ist durchzogen von Systemen der Herrschaft, der Ausbeutung, der Macht und Gewalt, die es aufzuhalten, infrage zu stellen und zu überwinden gilt.

Dies ist der Horizont, in den jeder, der sich entscheidet, an der Welt des Denkens teilzunehmen, und daher antritt, sich zu engagieren, sein Handeln stellen muss. Das führt zu der Frage, welche Art von geistiger und kultureller Praxis imstande ist, die Welt zu verändern und das Ausmaß der sie durchziehenden Gewalt zu verringern. Trägt unser Handeln zur Herstellung einer gerechteren und vernünftigeren Welt bei, fördert es die Entfaltung einer fortschrittlichen Praxis? Oder haben wir durch unser Handeln de facto Anteil an der Reproduktion des Systems, arbeiten wir mit ihm zusammen, verschlimmern wir die Situation sogar? Diese Problemstellung geht offenkundig über die Frage nach Wahrheit, Objektivität und Falschheit hinaus (und schließt sie ein): Es gilt zu bestimmen, welche Art von Wahrheit, von Wissen und von Forschung angestrebt werden soll, wenn man für eine lebenswertere Welt eintritt, welchen Rahmen sie benötigt, wie sie zu schreiben, verbreiten und denken wäre.

In ihrem Text »Kann man ein gutes Leben im schlechten führen?« hat Judith Butler ein von Adorno aufgeworfenes Problem aufgegriffen: Wie gelingt es, in einer ungerechten, von Ungleichheiten und Ausbeutung geprägten Welt ein ethisches Leben zu führen?[1] *Wie führt man ein gutes Leben im schlechten, ein richtiges im falschen? Das ist die Frage der Ethik*. Es ist eine Frage, die wir uns tagtäglich stellen – oder aber gerade nicht, da wir unseren Anpassungsleistungen, unserer Mitschuld, unseren Entsagungen nicht ins Auge sehen wollen.

Für die Forschung stellt sich die Frage jedem von uns *in exakt derselben Weise*. Die Herausforderung, auf die wir eine Antwort finden müssen, lautet hier: *Was heißt es, als Intellektueller oder Autor ein gutes Leben in einer schlechten Welt zu führen?* Wie soll das Denken beschaffen sein, wenn es sich in einer Welt der Gewalt, der Ungerechtigkeiten und der Unterdrückung abspielt?

Sobald wir uns entscheiden zu schreiben und zu publizieren, kommen wir gar nicht umhin, ein politisches Unbehagen zum Ausgangspunkt der Frage nach dem Sinn unseres Tuns und den von uns angewandten Verfahren zu machen – und selbst zum Ausgangspunkt der Frage nach den Gründen, warum man tun muss, was wir tun.

Man muss die Kultur mit der Gesellschaft konfrontieren.

Politik als Ausgangspunkt

Die Behauptung, dass intellektuelles Engagement auf die Konfrontation mit einer ethischen Frage hinausläuft und dass die Form unseres theoretischen Wirkens ausgehend von der Welt und dem Handeln, das es in ihr hervorruft, zu bestimmen ist, bedeutet, dass man nicht die etablierten Formen und Institutionen wissenschaftlicher und kultureller Praxis akzeptieren und übernehmen kann, um sich erst danach, in einem zweiten Schritt, zu fragen, wie man zur Veränderung der Welt beitragen kann. Man muss vielmehr von der Notwendigkeit einer emanzipatorischen Wissensproduktion ausgehen und sich dann fragen, welches Verständnis des eigenen Lebens als Autor, von Praxis und Theorie daraus folgt. Um die Form unseres Handelns festzulegen, müssen wir ein ethisches Anliegen an den Anfang stellen. Die politische Frage stellt sich *ex ante*, nicht *ex post*.

Anders gesagt: Wir müssen Ansätzen misstrauen, die dazu neigen, die Debatte über das Verhältnis von Autor und Welt auf die Frage nach der »Anwendung« von Wissen, der »Intervention« oder der »Verbreitung« von Forschungsergebnissen zu reduzieren (so die Formeln, die es entsprechend abgewandelt auch für Schriftsteller und Künstler gibt). Denn auf diese Weise tut man so, als seien die Regeln für die Produktion von Wissen und Theorie etwas schlechthin Gegebenes, das sich uns aufzwingt, sodass unsere Unterwerfung unter sie gar nicht mehr politisch reflektiert werden muss. Anders als diese das Wissen entpolitisierende Rhetorik glauben macht, können die politischen Fragen auch einen Einfluss auf die Subjektivität der Wissenschaftler selbst haben.

Die wichtigsten – und schönsten – Analysen zu diesem Thema haben wohl die Theoretiker der Frankfurter Schule verfasst. Das vorliegende Buch lässt sich auch als eine Art ständiger Dialog mit und ausgehend von ihnen lesen. Mir geht es nicht nur darum, »ihr Erbe zu aktualisieren«, wie eine häufig gebrauchte Formel lautet. Vielmehr soll vor allem ihre Kraft, ihr Versprechen einer praktischen Infragestellung hervorgehoben werden. Ich möchte versuchen, die Lektüre der Frankfurter Theoretiker den entpolitisierenden Rastern zu entwinden, die häufig auf sie angewendet werden, obwohl ihre Schriften gerade zum Ziel hatten, solche Raster in eine Krise zu stürzen – sie sollten den Rahmen des traditionellen akademischen Lebens infrage stellen. Dennoch werden sie zumeist gerade innerhalb dieses Rahmens rezipiert und diskutiert. Um ihren Gehalt wirklich zu begreifen und Konsequenzen daraus zu ziehen, ist daher noch weitere Arbeit nötig. Es gibt eine bestimmte Art, sich mit der Frankfurter Schule einverstanden zu erklären, die sie in Wirklichkeit verrät: Man behandelt sie in den Formen, von denen sie uns befreien wollte, zieht keine praktischen Konsequenzen aus ihr und verharrt auf einer abstrakten Ebene. Dass wir den Frankfurter Theoretikern immer wieder begegnen werden, verweist übrigens auf einen wichtigen Sachverhalt, nämlich auf die logische Stimmigkeit des ethischen Hinterfragens.

Adorno und Horkheimer insistieren in verschiedenen Texten darauf, dass wir die historisch entstandenen Formen der wissenschaftlichen und akademischen Einrichtungen übernehmen und so mechanistisch zur Reproduktion des Systems beitragen, wenn wir sie nicht einer politischen Kritik unterziehen. Und sie zeigen, inwiefern der traditionellen erkenntnistheoretischen Problemstellung eine Art Angst zugrunde liegt: Die Erkenntnistheorie erfüllt die psychologische Funktion, der Ethik auszuweichen.

Horkheimer geht dabei recht weit: Er behauptet, dass die begriffliche Architektur, die im Namen der Autonomie der Wissenschaft deren politische Kritik als unzulässig zurückweist und vorgibt, ausschließlich erkenntnistheoretische und wissenschaftliche Fragen zu stellen, Autoren eine Flucht vor dem Zweifel erlaubt, der beim Schreiben zwangsläufig aufkeimt. Dem hält er entgegen, dass man zu fragen hat, wozu das eigene Tun dient.

Horkheimers Kritik gilt dem »herkömmlichen theoretischen Denken« – gemeint ist Max Weber –, das »die praktische Verwendung der Begriffssysteme« und somit die eigene »Rolle in der Praxis« als ihm »*äußerlich*« betrachtet. Die »Trennung von Wert und Forschung, Wissen und Handeln« und ähnliche Gegensätze stellen für ihn eine »Entfremdung« dar, die den Gelehrten vor den »Widersprüchen« der eigenen Position bewahren soll.[2]

Dabei handelt es sich aber nicht nur um ein psychologisches, sondern auch um ein politisches Problem. Für Horkheimer ist der Beruf des Gelehrten gleichzusetzen mit dem politischen »Kampf, zu dem sein Denken gehört«, wobei das Denken nicht »als etwas Selbständiges, davon zu Trennendes«[3] betrachtet werden kann. Weil wir in einer ungerechten, kritikwürdigen Welt leben, gibt es keine Neutralität. Der Forscher, der bei dieser Zuflucht sucht und sich nicht fragt, welche Formen seine Forschung annehmen müsste, wenn er zur Entstehung einer weniger ungleichen Welt beitragen will, gibt folglich die Möglichkeit preis, ein ethisches Leben zu führen: »Eine Wissenschaft, die in eingebildeter Selbständigkeit die Gestaltung der Praxis, der sie dient und angehört, bloß als ihr Jenseits betrachtet und sich bei der Trennung von Denken und Handeln bescheidet, *hat auf die Humanität schon verzichtet.*«[4]

Wenn der Forscher oder Intellektuelle an »ein unabhängiges, ›suprasoziales‹, freischwebendes Wissen« glaubt, wenn er bestreitet, dass »die soziale Bedeutung seines Fachs« sein »faktisches Tun« beeinflusst, verurteilt er sich selbst zur Übernahme einer wissenschaftlichen Praxis, die an der Produktion des Systems Anteil hat.[5] Er akzeptiert somit, dass seine Theorie auf nichts weiter hinausläuft als auf ein »Rad eines Mechanismus, der sich in Gang befindet«: »Der Gelehrte und seine Wissenschaft sind in den gesellschaftlichen Apparat eingespannt, ihre Leistung ist ein Moment der Selbsterhaltung, der fortwährenden Reproduktion des Bestehenden, gleichviel, was sie sich selbst für einen Reim darauf machen.«[6]

Diese Auffassung vertritt auch Adorno. Unter Berufung auf das Werk von Marx, der ihm zufolge die Trennung »von Wissenschaft und Politik [...] kritisiert« hat, geißelt er »die vorwaltende, von Max Webers Autorität schroff urgierte Vorstellung, außerwissenschaftliche Interessen seien der Wissenschaft äußerlich, beides sei mit der Sonde zu scheiden«.[7] Der Ethik einer Enthaltung von Engagement, dem Streben nach wissenschaftlicher Neutralität (ein Begriff, auf den ich weiter unten zurückkommen werde), dem Gedanken einer von der Politik getrennten Wissenschaft haftet Adorno zufolge etwas Unethisches an, nämlich die unethische Bereitschaft zum Mitmachen: »In einer bestimmbar falschen, den Interessen ihrer Mitglieder wie des Ganzen widersprechenden Gesellschaft partizipiert jede Erkenntnis, die sich den in Wissenschaft geronnenen Regeln dieser Gesellschaft willfährig unterordnet, an ihrer Falschheit.«[8]

In Situationen denken

Adorno und Horkheimer geben uns die Fragen mit auf den Weg, denen man sich zu Beginn jedes intellektuellen und kulturellen Lebens mit ethischem Anspruch zwangsläufig stellen muss: Wie müssen wir handeln, um nicht an der Falschheit der Welt zu partizipieren? Wie vermeidet man ein Sich-Gemeinmachen mit der Ungerechtigkeit? Wie muss die intellektuelle und kulturelle Arbeit beschaffen sein, um zum Entwurf einer fortschrittlichen Praxis beizutragen und selbst eine solche darzustellen? Damit stellt sich erneut die Frage: Wozu dient Forschung? Oder besser: Welche Forschung ist sinnvoll, welche unnütz? Welche Forschung ist oppositionell, welche stützt das System, kollaboriert sogar mit ihm?

Wenn man die intellektuelle Praxis mit Blick auf ihre Auswirkungen auf die Welt entwickelt, nimmt man ein neues Verhältnis zu den Problemen ein, die der Wissenschaft und der Philosophie traditionell aufgetragen werden. Denn keines dieser Probleme lässt sich dann noch von einem abstrakten, realitätsfernen Standpunkt aus betrachten. Gefragt ist nun vielmehr eine an Situation und Ort gebundene Herangehensweise. Die Antworten, die man auf Probleme gibt, hängen von der Situation ab, in der sie auftauchen. *Ein Autor muss sich und seine Praxis auf konkrete Weise begreifen:* Man schreibt nicht in derselben Art, über dieselben Themen und in denselben Formen ungeachtet dessen, ob man in kolonialen oder demokratischen Verhältnissen lebt, in Zeiten des Krieges oder des Friedens, vor dem Hintergrund von Terrorismus oder nicht. Die politische und gesellschaftliche Situation muss sich auf die Wahl der Formen unserer Praxis (des Schreibens, Publizierens, Verbreitens) auswirken, aber auch darauf, wie Wahrheit, Methode und Objektivierung überhaupt definiert werden.

Anders gesagt: Die Fragen »Was ist Philosophie?« und »Welcher Methode sollen die Sozialwissenschaften folgen?« ergeben keinerlei Sinn. Mit solchen Problemstellungen und Formulierungen gilt es zu brechen, um die Fragen anders zu stellen. Zu fragen ist immer: »Was ist Philosophie *in einer schlechten Welt?*«, oder besser noch: »Wie praktiziert man Sozialwissenschaften *in dieser Welt, in diesem Moment?*«

Ein neues Kriterium für das Denken

Ich schlage vor, jene Praktiken als »funktional« zu bezeichnen, die zur Aufrechterhaltung oder Verstärkung der Machtsysteme beitragen, sie ratifizieren und an ihrem Funktionieren teilhaben. »Dysfunktional« oder »oppositionell« sollen dagegen Praktiken heißen, die zur Bekämpfung oder Infragestellung dieser Systeme beitragen.

Wenn es stimmt, dass die Welt schlecht ist, dann lautet somit eine Frage, die uns auf sämtlichen Ebenen verfolgen und für jeden Produzenten symbolischer Güter einer Art Selbstverhör gleichkommen muss, wie man es vermeidet, sich de facto – willentlich oder unwillentlich – als Komplize in den Dienst der Machtsysteme zu stellen. *Wie lässt sich eine dysfunktionale Praxis des Denkens entwerfen?* Stellt man die Frage auf diese Weise, dann bezieht man die Welt in die erkenntnistheoretischen oder methodologischen Problematiken mit ein und begreift die intellektuelle und wissenschaftliche Praxis im Horizont ihrer konkreten Auswirkungen.

Durch Diskussionen über Wissen und Theorie ziehen sich häufig Gegensätze wie Ideologie/Wahrheit, subjektiv/objektiv, Irrtum/Wahrheit, spontane Vorstellung/Wissen, orthodox/heterodox, konservativ/kritisch oder heteronom/autonom. Nehmen wir eine ethische und politische Perspektive ein, ergibt sich daraus die Überlegung, inwieweit der Gegensatz funktional/dysfunktional uns im kulturellen Raum eine neue Achse der Orientierung bieten kann, die nicht unbedingt in Widerspruch zu den gewohnten Kategorien tritt, aber ein neues, anderes Verhältnis zu ihnen sowie die Einführung eines ergänzenden Registers der Befragung ermöglicht.

Zur Kritik der Kategorie des Engagements

Bevor ich fortfahre, scheint es mir an diesem Punkt meiner Reflexionen wichtig, eine Präzisierung vorzunehmen und etwas zu betonen: Wenn es stimmt, dass Schreiben einen Akt der Auseinandersetzung mit der Welt darstellt, dann müssen wir dem üblichen Gebrauch der Kategorien »Engagement« und »Intervention« misstrauen, besonders wenn damit das Agieren von Autoren wie mir bezeichnet wird, die im Unterschied zu anderen in der öffentlichen Debatte Stellung beziehen. Wer vom »engagierten Intellektuellen«, von »engagierter Wissenschaft« oder einer »Intervention in die Öffentlichkeit« spricht, befördert falsche Vorstellungen über das intellektuelle Feld und billigt ein naives Verständnis von Theorie und Praxis.

Zum einen unterstellen – und ziehen – die Kategorien des Engagements und der Intervention eine Grenze zwischen dem Raum des Wissens und dem der Politik, denn man engagiert sich immer für etwas an einem bestimmten Ort. Der Begriff des Engagements befestigt folglich den Glauben an eine Trennung zwischen Wissensproduktion und öffentlicher Positionierung, zwischen wissenschaftlicher und außerwissenschaftlicher Tätigkeit, obwohl sich nüchtern betrachtet jede sozialwissenschaftliche und philosophische Praxis – ob sie es akzeptiert oder bestreitet – am gesellschaftlichen Spiel beteiligt, die in ihm wirkenden Interessen fortschreibt und Teil des Kampfes ist. Es gibt kein

»Engagement« und keinen »engagierten Intellektuellen« – so als wären andere Intellektuelle es nicht –, weil die Politik immer schon da ist, und zwar in jedem Wort, das gesprochen wird.

Zum anderen tendieren Reflexionen über »Engagement«, über die Intervention von Autoren, Schriftstellern oder Künstlern in die Öffentlichkeit dazu, Engagement und Intervention als das Problem, als jenes Handeln darzustellen, das einer Erklärung oder Rechtfertigung bedürfe ... Implizit wird damit der Verzicht auf Engagement als das Selbstverständliche, als Referenzpunkt oder das nicht weiter Erklärungsbedürftige gefasst.

Wenn es aber stimmt, dass wir von dem Augenblick an, in dem wir uns für das Schreiben entscheiden, an der Produktion von Diskursen teilhaben, die unser Wissen über die Welt und das Bild, das wir uns von ihr machen, prägen, und wir somit zur Gestaltung der Welt beitragen, dann ist die wirklich rätselhafte Praxis gerade der Verzicht auf Engagement und Auseinandersetzung, eine (imaginäre) Neutralisierung, das Streben nach einer »Entpolitisierung« des eigenen Tuns.

Bekanntlich bestand einer der Brüche, die sich in der Entwicklung der Revolutionstheorie zwischen Marx und Bourdieu ereignet haben, darin, nicht das Auftreten von Unruhen und Revolutionen, sondern das Ausbleiben einer Masse von Revolten, von Schreien der Empörung und Protesten zum Thema zu machen: Wieso findet eher Unterwerfung als Aufbegehren statt?

Dieselbe Frage gilt es zu stellen, wenn man über Kultur und Wissen nachdenkt: Das Rätselhafte ist der Verzicht auf Engagement, der Gedanke einer Neutralität, ja das verfälschende Streben nach einer Art imaginären Neutralität – warum versteifen sich so viele Autoren darauf, eine solche Fiktion der Neutralität herzustellen (was nicht dasselbe ist wie eine Theorie der Wahrheit, wie wir noch sehen werden)? Warum gibt es Kulturproduzenten, die behaupten, sie seien nicht engagiert – die also letztendlich viel Energie darauf verwenden, sich nicht zu engagieren, und ihre Praxis an der Norm des L'art pour l'art oder einer Wissenschaft um der Wissenschaft willen ausrichten? Wozu dient die Mystik eines reinen Wissens, der Autonomie der Wissenschaft? Woher rührt das Bedürfnis, zu nichts nütze zu sein? Diese Abwehrhaltungen, nicht die Tatsache, dass Menschen ihr Wissen als Teil eines Kampfes betrachten, sind rätselhaft.

Die Kategorie des »Engagements« oder des »engagierten Intellektuellen« begründet ein Verständnis, nach dem Interventionen im Verhältnis zu einer »Neutralität« definiert werden, die als die eigentlich normale und selbstverständliche Haltung gilt. Wenn aber Schreiben grundsätzlich bedeutet, sich zu engagieren, dann ist in Wirklichkeit das Engagement die normale Haltung, der Bezugspunkt, und das Streben nach Neutralität definiert sich im Verhältnis zu ihr. Das System »Neutralität«/»Engagement« ist folglich durch das System »Engagement«/»Ablehnung von Engagement« oder sogar »Wahrhaftigkeit«/»Leugnung« zu ersetzen. Anders gesagt: Nicht ein Engagement von Autoren ist eigens hervorzuheben, sondern ihr Nichtengagement (wobei zu präzisieren ist, dass diese Kategorie eine fiktive und mystifizierende darstellt). Man muss die (falsche) »Neutralität« als ein Engagement gegen das Engagement, als Leugnung der Situation des Engagiertseins begreifen.

II. Für eine Ethik der Werke

Mir ist durchaus bewusst, dass die Wahl von Politik und Ethik als alles bestimmende Ausgangspunkte sowie der Rekurs auf Horkheimers Gedanken, Schreiben und Denken hätten nicht »bloß auf Vermehrung des Wissens als solchen [...], sondern auf die Emanzipation des Menschen aus versklavenden Verhältnissen«[9] abzuzielen (wer anderes sagt, so wäre hinzuzufügen, entscheidet sich für die Kollaboration mit der bestehenden Welt), den Eindruck erwecken können, dass ich die Autonomie der Wissenschaft, den Eigenwert von Kultur oder auch der Interesselosigkeit infrage stelle und symbolische Tätigkeiten ebenjener instrumentellen oder utilitaristischen Vernunft unterwerfe, gegen die sie ihre Autonomie errungen haben und die sie folglich bedroht.

Sobald man ethische Fragen an die Wissenschaft richtet, die Kultur mit der Gesellschaft konfrontiert und behauptet, dass die Formen der Produktion symbolischer Güter mit Blick auf ihre politischen Einsätze zu bestimmen sind, setzt man sich dem Einwand aus, den intrinsischen Wert von Wissen (oder sogar der Kunst) zu leugnen und die wissenschaftliche Tätigkeit politischen Imperativen unterordnen zu wollen.

Bei jeder Reflexion über die Beziehungen zwischen Ethik und Kultur stößt man unweigerlich auf die Vorstellung, die Felder der symbolischen Produktion hätten sich eine Art Unabhängigkeit gegenüber jedem äußeren Kriterium zur Beurteilung ihres Gehalts oder Nutzens erkämpft, seien dadurch ausschließlich ihren eigenen – literarischen, wissenschaftlichen, kulturellen etc. – Regeln unterworfen und dies stelle einen Fortschritt dar.

Bourdieu hat diesen Gedanken der Unabhängigkeit in seinen Arbeiten zur einzig legitimen Vorstellung symbolischer Tätigkeiten erklärt – mit Formulierungen, die meines Erachtens seinem eigenen Vorgehen widersprechen. Er hat das Dispositiv einer Autoreferenzialität von Normen aufgestellt, die sich mit der Zeit allmählich durchsetzen muss und zu der die Felder im Laufe ihrer Geschichte zwangsläufig hinstreben: Die Geschichte eines jeden Feldes sei die der Eroberung seiner Autonomie. Eine politische Reflexion über den »Nutzen« von Wissenschaft oder Kunst, die Frage nach ihrem Verhältnis (oder Nichtverhältnis) zu einem emanzipatorischen Projekt seien bestenfalls unnütz, schlimmstenfalls gefährlich und rückschrittlich. Kultur, ja Zivilisation schlechthin ist demnach mit der Anerkennung des Eigenwerts kultureller Güter verbunden. Symbolische Tätigkeiten können als solche und für sich genommen Geltung beanspruchen; ihre Produktion und Beurteilung muss auf Kriterien gründen, die frei von jedem gesellschaftlichen und politischen Anliegen sind.

Von dieser Konzeption sind wir alle stark geprägt; es fällt uns schwer, sie nicht als Bezugsrahmen für unser Handeln und Denken zu setzen. Wer sich in dem intellektuellen Feld – dem der Kultur, Wissenschaft, Kunst oder Literatur – bewegt, selbst innerhalb der jeweiligen Avantgarde, der wird sich nur mit Mühe auf eine andere Konzeption symbolischer Tätigkeiten berufen können.

Kultur und Zivilisation

Ronan de Calan hat dagegen in einer Abhandlung über den Begriff der reinen Literatur und seine Genese gezeigt, inwiefern die mit ihm verbundene Norm der Autoreferenzialität als Ergebnis eines historischen Prozesses analysiert werden muss, nicht als eine selbstverständliche erkenntnistheoretische Norm, die entdeckt und sodann Schritt für Schritt gegen die Mächte der Heteronomie und Verblendung errungen wurde … (mutatis mutandis lassen sich seine Überlegungen auch auf die Felder der Theorie übertragen).[10] Autoreferenzialität ist eine Konzeption, die bestimmte Fraktionen in dem Feld der kulturellen Produktion in einem bestimmten Moment gegen andere, genauso legitime und heute vielleicht sogar legitimere Auffassungen durchsetzen konnten – weshalb wir nicht verpflichtet sind, in ihr das Ende der Geschichte zu sehen. Andere Auffassungen von Literatur, Philosophie oder Sozialwissenschaft zu vertreten oder sogar zu erfinden, ist durchaus vernünftig: *Die Idee der Autonomie der Wissenschaft, des L'art pour l'art, kann sehr wohl kritisiert, umgearbeitet, neu gefasst werden.*

Calans Analyse zielt darauf ab, unser Verständnis des Feldes der kulturellen Produktion dem Monismus und der Teleologie zu entwinden, die Bourdieu eingeführt hat: Es sind vielerlei Konzeptionen der Produktion symbolischer Güter denkbar, die je nach Zeitpunkt eine subversive oder konservative Bedeutung annehmen können, und so wie die Sozialwissenschaft ein Recht zur Infragestellung des Dispositivs der reinen Literatur, der Literatur um der Literatur willen, des »Mythos« von Stil und Formalismus hat, kann sie auch das Dispositiv des reinen Wissens, des Wissens um des Wissens willen, seines Eigenwerts, infrage stellen.

Im Zuge seiner Untersuchung der unterschiedlichen literaturwissenschaftlichen Grundlehren gelangt Calan zu der These, dass die Idee der reinen Literatur und des Formalismus nicht unbedingt den höchsten Grad an Reflexivität in diesem Feld darstellt. Seine historische Analyse zeigt, wie sie vielmehr von bestimmten Produzenten geprägt wurde, um so den Widersprüchen der eigenen Klassenlage (und ihrer politischen Positionen) zu entgehen, und dies immer vor dem Hintergrund bestimmter politischer Konjunkturen und zugunsten klar benennbarer Ziele. Der Gedanke der reinen Literatur hat mehr mit einer Strategie als mit dem Wesen von Literatur schlechthin zu tun.

Calan führt Sartres Deutung an, dass sich die Ideologie des L'art pour l'art oder der Wissenschaft um der Wissenschaft willen aufgrund ihrer Affinität zum Wachstum des Kapitalismus entwickeln konnte: »dem Profit um des Profits willen entsprechen die Wissenschaft und die Kunst um ihrer selbst willen«. Im L'art pour l'art steckt eine Art Ethik des Rückzugs, der Entpolitisierung, die einem potenziell subversiven Wirken eine gesellschaftliche und politische Harmlosigkeit verpasst und so die Reproduktion der bestehenden Ordnung und ihrer Grundwerte ermöglicht.

Jenseits der Autonomie

Zur Autoreferenzialität symbolischer Tätigkeiten auf Abstand zu gehen und den Gedanken einer Autonomie der kulturellen Produktion zu kritisieren, ist ein vollkommen legitimes Unternehmen. Es gibt überhaupt keinen Grund, solchen Formen von Praxis zuzugestehen, sie seien selbstverständlich und gewissermaßen natürlich.

Eine Reihe von Autoren nimmt schon heute ein anderes, nicht auf Kriterien von Form und Reinheit beruhendes Verhältnis zu Literatur und Kunst ein. Beispielsweise war ich sehr beeindruckt davon, wie Édouard Louis mit Blick auf Michel Houellebecqs ausgesprochen schlechten Roman *Unterwerfung* argumentiert hat. Viele Leser und Kritiker erklärten zur Verteidigung Houellebecqs, sicherlich könne man in seinem Buch Rassismus und Islamfeindlichkeit entdecken, dennoch habe es »Stil«, zeuge von »Schreibkunst« und »formaler Innovation« (was nicht einmal stimmt).

Louis wies diese Argumentation als inakzeptabel zurück. Insbesondere erklärte er es für zulässig, die Literatur einer Art Kosten-Nutzen-Kalkül zu unterziehen (das in diesem Zusammenhang keine neoliberale Rationalität, sondern ein ethisches Erfordernis ausdrückt): Wiegt ein schöner Satz schwerer als Rassismus? Werden die »Kosten« eines rassistischen Buchs durch einen gelungenen Stil wettgemacht? Und folgerichtig: Lässt sich die literarische Ideologie von Form und Schreibkunst nicht mit Recht infrage stellen? Kann ein schöner Satz in der gegebenen, der schlechten Welt, in der wir schreiben und lesen, Rassismus rechtfertigen?

Wie Louis ausführte: »Es wird oft gefragt, ob ein großes Werk der Literatur rassistisch sein kann. Diese Frage taucht häufig auf, übrigens meistens mit Blick auf bestimmte Werke Célines. [...] Ich behaupte nicht, dass man in einem rassistischen Roman nicht schöne Dinge sagen, schöne Passagen schreiben kann, aber ich behaupte, dass das nicht reicht, dass es nicht den Preis wert ist, wenn dabei Gewalt produziert wird. Bei einer solchen Reflexion über die Literatur muss man sich im äußersten Fall eine wirtschaftliche Rationalität der ›Kosten‹ zu eigen machen und fragen: Sind ein paar schön geschriebene Sätze und ein origineller Stil die Perpetuierung von Gewalt, von rassistischen Fantasien wert? Eindeutig nicht.«[11]

Warum ist das Plädoyer für eine ethische anstelle einer rein immanenten Beurteilung symbolischer Güter so schwierig, ja geradezu heikel? Zweifellos deshalb, weil dieser Schritt es zwingend erfordert, eine starke und provokante Position einzunehmen: *Es gibt keinen unbedingten Wert von Kunst und Literatur.* Ihr Wert hängt davon ab, dass sie sich in einem politischen Horizont bewegen und an einem emanzipatorischen Unternehmen teilhaben. Widmen sie sich nicht einem solchen Projekt, dann verzichten sie auf die Möglichkeit, die Welt zu verändern, sie lassen sie intakt und bilden somit ein Rädchen ihrer Reproduktion.[12]

Für einen solchen politischen Blick auf die Literatur spricht sich auch Pierre Bergounioux in der Textsammlung *Exister par deux fois* aus. Er schlägt vor, sie anhand des Werts der Gleichheit zu beurteilen: »Ich beziehe alles auf die Gleichheit, sie ist der Maßstab, an dem ich meine Erfahrungen messe.«

Das Urteilskriterium der Gleichheit führt Bergounioux zur Unterscheidung zweier Arten von Literatur und schließlich zu sehr drastischen Aussagen über die »reine Literatur«. Da Literatur nur dann eine Bedeutung habe, wenn sie sich mit einem egalitären Projekt verbindet, verliere der Gedanke ihres »Eigenwerts« jeglichen Sinn. Definiert sie sich als ein Spiel, als eine autoreferenzielle Arbeit mit Stil und Worten, dann wird sie für Bergounioux zu einem eitlen Unternehmen und kann genauso gut *verschwinden*: »Wenn die Kultur, besonders die Literatur, nie etwas anderes ist als die reflektierte, sich ihm annähernde, eindringliche, strahlend helle Kommentierung des Lebens, dann nimmt sie entweder zur Kenntnis, dass das Leben unter anderem von abscheuerregenden Ungleichheiten entstellt ist, oder sie geht darüber hinweg. *Aber wenn sie darüber hinweggeht, dann verdient sie keine Minute unserer Mühe.* Entweder sie bewahrt sich, was ich als ihre wesentliche, nämlich aufklärerische und daher befreiende Kraft betrachte, dann verdient sie es, dass wir uns ihr mit größter Sorgfalt, Mühe und Aufmerksamkeit widmen. Oder sie ist Unterhaltung – und sei es qualitativ hochwertige, angenehme Unterhaltung –, der man sich einen Augenblick hingibt, bevor man sich unberührt, unverändert, gleichgültig wieder dem Lauf der Dinge zuwendet, *dann könnte sie auch untergehen, ohne dass ich einen Finger rühren würde.* Das ist die Frage.«[13]

Wahrheit und Funktionalität

Was würde es bedeuten, diese Einstellungen zur Kunst und Literatur auf die Philosophie oder die Sozialwissenschaft zu übertragen? Welche Formen könnte eine Ethik der theoretischen Werke annehmen? Zu welchen Prinzipien würde sie uns führen?

Wenn uns kritische Reflexionen über den Gedanken der Autoreferenzialität symbolischer Praktiken Unbehagen bereiten und wir sie nur selten zu ihrem Endpunkt treiben, dann letztlich deshalb, weil uns ein solches Unternehmen zu der Erkenntnis nötigt, *dass so etwas wie ein Eigenwert des Wissens, der Wissenschaft oder des Denkens nicht existiert.* Wenn wir die Welt und die Problematik unseres Handelns in ihr in unsere Reflexionen einbeziehen, verliert dann das Kriterium der Wahrheit nicht de facto seine Eignung, den Wert einer Aussage oder eines Werkes zu bestimmen? Müssen wir dann nicht zur Kenntnis nehmen, dass es *unnützes Wissen, sinnlose wissenschaftliche Praktiken und Wahrheiten gibt, die zu nichts gut sind?* Oder genauer gesagt: die nicht zu nichts, sondern im Gegenteil gerade durch ihre Nutzlosigkeit sehr wohl zu etwas gut sind, aber eben nur zur routinierten Reproduktion der Herstellung symbolischer Güter, also letztlich zur Aufrechterhaltung der bestehenden Welt.

Es ist durchaus nachvollziehbar, wenn die Rhetorik der »Nützlichkeit« Misstrauen erregt und die Frage, wozu dieses oder jenes Wissen »gut ist«, entschieden abgelehnt wird. Das Argument, dass die Werte des Wissens und die der Nützlichkeit zwei unterschiedlichen, sorgfältig voneinander zu trennenden Registern angehören, ist in der Tat verständlich (und es kann notwendig sein, es gegen bestimmte reaktionäre Offensiven vorzubringen).

Allerdings wird bei dieser Argumentation vergessen, dass die schlechte Welt auf dem Vormarsch ist, dass sie funktioniert und die Machtsysteme sich durchsetzen und reproduzieren. Die Berufung auf eine Art Reinheit und Neutralität oder sogar die Hoffnung, durch sie zu einer Art Unabhängigkeit zu gelangen, ergibt daher wenig Sinn. Wenn wir uns für das Schreiben entscheiden, stürzen wir uns in die Welt, sodass wir, wenn wir uns dem nicht widersetzen, *faktisch – ob wir es wollen oder nicht, ob wir es anerkennen oder bestreiten* – zu ihrem Fortbestehen beitragen. Und eben darin besteht eine unethische Art und Weise, ein Leben als Autor zu führen.

Wenn man über theoretische Praxen nachdenkt, über Wissensproduktion, Sozialwissenschaften oder Philosophie, gilt es einen gewissermaßen *erweiterten oder gesellschaftlichen erkenntnistheoretischen Blickpunkt* einzunehmen. Das Urteil über eine Aussage oder eine Praxis darf nicht nur auf deren eigenen Kriterien beruhen. Wir müssen uns dazu verpflichten, es auch *vom Rahmen und Kontext ihrer Entstehung* abhängig zu machen. Selbstverständlich bringen bestimmte wissenschaftliche Praxen Kenntnisse oder Aussagen hervor, die man als »wahr« oder »neutral« werten kann. Beurteilt man diese Praxen und Aussagen jedoch unter Berücksichtigung des Kontextes, in den sie sich einfügen, der Welt, in der sie eingesetzt werden, dann lässt sich trotz ihrer »Neutralität« und »Wahrheit« allemal sagen, dass sie durch ihren harm- und nutzlosen Charakter mit der Reproduktion der Machtsysteme vereinbar, ja deren Komplizen und so gesehen gleichermaßen politisch und kritikwürdig sind, so neutral sie auch sein mögen.

Ein solches Verhältnis zur Theorieproduktion ist wichtig, weil es uns die Schaffung neuer Kategorien der Wahrnehmung, eine Beziehung zu wissenschaftlichen und intellektuellen Praxen, die jenseits traditioneller Werte von »Wahrheit« und »Kritik« angesiedelt sind, und den Bruch mit bestimmten etablierten Formen der Diskussion ermöglicht. Es ist gar nicht nötig, Aussagen als »Ideologie« zu etikettieren, um sie zu disqualifizieren. Und es ist auch nicht nötig, Wissenschaftler oder Philosophen, die sich auf ein von Engagement abgetrenntes Wissen berufen, als »Konservative« zu bezeichnen, wenn man ihre Haltung kritisieren will. Beides ist durchaus verbreitet, verstellt jedoch den Blick auf eine reale Differenz zwischen gänzlich konservativen oder reaktionären Ansätzen und solchen, die tatsächlich ein neutrales Wissen hervorbringen, sich aber in das gewöhnliche akademische Leben einfügen und durch eine Nutzlosigkeit auszeichnen, die sie letztlich nützlich für die Machtsysteme macht. Für solche Ansätze, die »funktionale Wahrheiten« hervorbringen, ist die Bezeichnung »neutral« letztendlich recht treffend, sofern man sie in demselben Sinne versteht wie beispielsweise im Falle der Neutralität der Schweiz im Zweiten Weltkrieg. In einer Welt, die sich im Krieg befindet, bedeutet Neutralität, die Fortsetzung des Krieges zuzulassen.

Zu präzisieren bleibt noch, dass das Eintreten für ein solches Verhältnis zum Wissen natürlich nicht als eine prinzipielle Abwertung von Studien zu verstehen ist, die sich mit abseitigen Phänomenen oder hochspezialisierten Gebieten befassen. Der oppositionelle Charakter einer Analyse hängt von ihrer Form und der Art und Weise ihrer Durchführung ab, nicht von ihrem Gegenstand oder ihren Gegenständen. Eine dysfunktionale Untersuchung kann jedem beliebigen Gegenstand einen Sinn abgewinnen, so wie es umgekehrt durchaus möglich ist, selbst zu Themen wie dem Zustand der Literatur, Sondereinheiten der Polizei oder dem Geist des Kapitalismus Studien zu produzieren, die das bestehende System stützen.

Autonomie und Nützlichkeit

Wenn die Entfaltung einer vom Kriterium der Funktionalität ausgehenden politischen Kritik von Werken dazu führt, zum Begriff der Autonomie auf Abstand zu gehen, dann deshalb, weil dieser Begriff auf dem Glauben an die Möglichkeit einer »Unabhängigkeit« von der Welt beruht, der nur zu einer Art Verantwortungslosigkeit und Inkonsequenz führen kann.

Es versteht sich von selbst, dass es keine oppositionelle Praxis gibt, die sich nicht im Gegensatz zu dem definiert, was Pierre Bourdieu Heteronomie nennt, die es also nicht ablehnen würde, sich den bestehenden Mächten, der gesellschaftlichen Nachfrage und vorgefassten Erwartungen zu unterwerfen – wobei hinzuzufügen ist, dass diese Mächte, Nachfrage und Erwartungen gleichermaßen inner- wie außerhalb ihres Feldes der Produktion bestehen können. Um sich ungeschmälert zu entfalten, müssen symbolische Tätigkeiten eine Unabhängigkeit gegenüber sämtlichen Formen von Verpflichtung wahren – in diesem Sinne wäre »vielleicht der größte Dienst, den man der Soziologie erweisen könnte: nichts von ihr zu verlangen«, wie Bourdieu in seiner Antrittsvorlesung am Collège de France bemerkte.[14]

Das Problem besteht darin, dass das Formulieren solcher Anforderungen nicht genügt. Es ist sogar eine Möglichkeit, den notwendigen Schritt nur zur Hälfte zu machen. Die gegebene gesellschaftliche Nachfrage nicht zu befriedigen, reicht nicht aus, um »unabhängig« gegenüber den Machtsystemen zu sein, sich ihnen nicht auf die eine oder andere Weise zu unterwerfen oder genauer gesagt: um sich nicht in der einen oder anderen Weise an ihrem Funktionieren und ihrer Reproduktion mitschuldig zu machen: Eine symbolische Produktion, die sich als »autonom« und »unabhängig« definiert, weil sie sich Werten der »Nützlichkeit« und »politischen Erfordernissen« verweigert, zugleich aber im Glauben an den Eigenwert ihres Tuns – worin auch immer es besteht – routinemäßig und autark verfährt, ohne auf die Infragestellung des Systems zu zielen, lässt auf ganz eigene Weise ebenfalls das existierende System intakt und ist ihm somit von Nutzen.

In einer Überlegung über den Begriff der »Nützlichkeit« betont Horkheimer, dass es nicht allein von den erklärten Absichten der Produzenten abhängt, ob eine wissenschaftliche Praxis als »nützlich« bezeichnet werden kann. Eine Praxis kann sich für »rein«, »autonom«, »formell« etc. erklären und dennoch zu etwas nützlich sein, auch wenn sie nicht ausdrücklich den Ansprüchen eines Machtsystems entgegenkommen will.

Der Charakter des eigenen Tuns – nützlich oder nicht,

funktional oder nicht – ist nichts, was man dekretiert oder ablehnt, so als würde dies bereits genügen. Er hängt nicht nur von einem selbst ab, sondern auch von der Welt; er kann sich auch durch die äußeren Umstände ergeben. Wenn ein Forscher sich zum Beispiel in Gegnerschaft zum »Expertentum« oder zu den sich den Machtsystemen unterwerfenden »Wissenschaftlern« versteht und gegenüber diesen Systemen seine Autonomie geltend macht, heißt das nicht unbedingt, dass sein Tun *tatsächlich* unabhängig von ihnen ist. Im Gegenteil kann seine Praxis zum gesellschaftlichen Apparat in einem ähnlichen Verhältnis des Mitmachens stehen wie die, von der er sich abgrenzt: »Auch der Leerlauf gewisser Teile des Universitätsbetriebs sowie nichtssagender Scharfsinn, metaphysische und nicht-metaphysische Ideologienbildung haben [...] ihre soziale Bedeutung, ohne in der gegenwärtigen Periode den Interessen irgendeiner nennenswerten Mehrheit der Gesellschaft wirklich gemäß zu sein«.[15]

Eine wissenschaftliche Tätigkeit, die selbstgenügsam bleibt und nichts an der Welt ändert, ist nicht unabhängig von der Welt – sie ist genauso nützlich für die Machtsysteme wie ein Wissen, das sich explizit in ihren Dienst stellt: »Eine Tätigkeit, die zur Existenz der Gesellschaft in ihren gegebenen Formen beiträgt, braucht durchaus nicht produktiv, das heißt wertbildend für ein Unternehmen zu sein. Trotzdem kann sie zu dieser Ordnung gehören und sie mit ermöglichen, wie dies bei der Fachwissenschaft wirklich der Fall ist.«[16] Folglich gilt: »Der Konformismus des Denkens, das Beharren darauf, es sei ein fester Beruf, ein in sich abgeschlossenes Reich innerhalb des gesellschaftlichen Ganzen, gibt das eigene Wesen des Denkens preis.«[17]

Versucht man die Kultur allein mittels der Denunziation von »Heteronomie« vor jeder Neigung zum Mitmachen zu schützen, wird damit die Tatsache verdunkelt, dass ein auf seine eigenen Interessen zurückgezogenes Feld, auf dem sich theoretische und praktische Tätigkeiten in eingeschliffenen, routinemäßigen Formen vollziehen, ebenfalls ein Dispositiv darstellt, das zur Reproduktion der Machtsysteme beiträgt, indem es keinerlei Wirkung erzielt.

Wirklich autonom – oder in meinen Begriffen: oppositionell – zu sein, erschöpft sich daher nicht in einer Abschirmung gegen den Druck gegebener Kräfte. Da Neutralität oder Unabhängigkeit gar nicht möglich ist, kann dies nur ein erster Schritt sein. Der nächste muss darin bestehen, *die Politik und den Willen zur Destabilisierung der Welt als regulierende, wegweisende Normen unserer Praxis einzubeziehen*. Vor jedem Projekt muss man sich fragen: Füge ich mich mit dem, was ich vorhabe, in »die große […] Freimaurerei unnützer Gelehrsamkeit« ein, wie Foucault formulierte, also in jene Gruppe von »Personen, die ein Wissen um seiner selbst willen kultivieren« und deren Bücher »gleich nach ihrem Erscheinen weggeschlossen werden und dann in den Regalen schlummern«?[18] Oder wird es für irgendjemanden an irgendeinem Ort etwas verändern? Und welche Mittel stehen mir zur Verfügung oder muss ich mir beschaffen, damit mein Tun etwas verändert, etwas bewirkt?

In einem Artikel über das heutige universitäre Publizieren betont Peter Sloterdijk, dass eines der wichtigsten Merkmale für das Verständnis des akademischen Feldes in der allgemeinen »Nicht-Lektüre« besteht: »Kein Akademiker wird es leugnen: Es ist an der Zeit, die Theorie des impliziten Lesers durch die des impliziten Nicht-Lesers zu ergänzen. Die Zustände dürften halbwegs getroffen sein, wenn man von der Annahme ausgeht, dass inzwischen 98 bis 99 Prozent aller akademischen Textproduktionen in der wie auch immer berechtigten oder unberechtigten Erwartung *des partiellen oder völligen Nichtgelesenwerdens* verfasst werden.« Die meisten Forscher wenden sich beim Schreiben an einen »impliziten Nicht-Leser«. Sie publizieren »ohne Aussicht auf Rezeption« – was gravierende Folgen für die akademische Ethik haben muss.[19]

Es geht hier selbstverständlich nicht um ein Plädoyer für lesbarere Texte oder um ein Anprangern verengter Kreisläufe der Publikation und Rezeption, von avantgardistischen Lesergruppen oder Gegenöffentlichkeiten, die naturgemäß immer begrenzt sind. Aber es kann unterschiedliche Gründe haben, wenn ein Text kaum oder gar nicht gelesen wird – gute wie schlechte. In jedem Fall spricht die Geschichte des 20. Jahrhunderts nicht dafür, dass die avanciertesten Werke auf dem Feld des Wissens deckungsgleich mit jenen gewesen wären, die in erster Linie ein begrenztes Publikum erreicht haben. Eher dürfte das Gegenteil der Fall sein.

Die Hinterfragung der gewohnten Formen einer bestimmten international auftretenden akademischen Produktion, ihres selbstgenügsamen, unproduktiven Charakters, ist allemal legitim: Wozu soll es gut sein, Berichte oder Artikel zu schreiben, monate- oder jahrelang an Texten zu arbeiten, die möglicherweise nie jemand lesen wird? Ist das mit ethischen Ansprüchen in Einklang zu bringen? Ich glaube kaum. Eben deshalb könnte es sinnvoll sein, bei der Auswahl unserer Themen, unserer Arten zu schreiben und unserer Methoden der Objektivierung darauf zu achten, dass wir etwas tun, für das sich der Aufwand lohnt.

Wenn wir ein Projekt in Angriff nehmen und uns über seine Form Gedanken machen, sollten wir uns deshalb fragen: Wird es zu mehr Gleichheit und Gerechtigkeit beitragen oder nur ein wissenschaftliches Spiel sein, ein Zeitvertreib, der Ressourcen verschlingt, welche sich besser nutzen ließen? Es ist legitim, sich zu fragen: Worin besteht das Ziel, für das all die Mittel bewilligt werden? Lohnt es sich? Wozu ist es gut? Bleiben solche Fragen aus, heißt das deshalb nicht, dass wir »nichts« tun. Wir werden weiter Texte produzieren, wir werden Erkenntnisse produzieren, aber solche, die die bestehenden Systeme intakt lassen und somit den Zustand der Welt aufrechterhalten. Wir können durchaus »autonom« sein und uns für »unabhängig« halten, wir werden trotzdem nicht weniger zur Reproduktion der gesellschaftlichen und politischen Ordnung beitragen. Und eben deshalb werden wir ihr faktisch unterworfen sein: Wir verhalten uns genauso, wie sie es von uns erwartet und wie es ihrem Interesse entspricht.

Fanon

An einer Stelle in *Die Verdammten dieser Erde* entwickelt Frantz Fanon einen Gedanken zu spirituellen Praktiken wie Magie, Religionen und Riten, der sich auf das geschilderte Problem symbolischer Tätigkeiten übertragen lässt, welche sich abseits des Systems »autonom« dünken, obwohl sie eigentlich funktional für es sind.

Kollektive religiöse Zustände – Riten, Trance, magische Praktiken – eröffnen Fanon zufolge Räume, in denen sich die mit der Erfahrung des Kolonisiertseins verbundenen Spannungen entladen können. Sie bilden ein Moment der Unterbrechung des Alltagslebens, des Abreagierens. Gerade darin besteht laut Fanon aber trotz des scheinbaren Bruchs mit der bestehenden Ordnung ihr systemfunktionaler Charakter: Die Beherrschten können ihr Leiden in einer unpolitischen Weise ausagieren, und eben dadurch kann die herrschende Ordnung fortbestehen.

Ich will die Situation, in der wir leben, nicht mit dem Kolonialismus und die symbolische Produktion nicht mit Magie oder Religion vergleichen. Aber Fanons Analyse bietet Anregungen dafür, die Frage, unter welchen Bedingungen symbolische Tätigkeiten als funktional oder dysfunktional definiert werden können, in einer komplexeren Weise anzugehen.

Kultur, Kunst und Wissenschaft werden mitunter als Tätigkeiten dargestellt, die in Opposition zum Kapitalismus oder Neoliberalismus stehen: Indem sich die ästhetische Erfahrung und die wissenschaftliche Forschung Werten wie Reinheit, Selbstgenügsamkeit oder sogar Nutzlosigkeit verschreiben, gewinnen sie in einer von der Norm des Interesses beherrschten Welt demnach eine kritische, weil antiutilitaristische Dimension. Formalismus und Autonomie besitzen aus dieser Sicht von Natur aus eine subversive Kraft. Folgt man Fanon, dann könnte man sich jedoch genauso gut fragen, ob eine solche Verselbständigung der Sphäre der ästhetischen Erfahrung oder der wissenschaftlichen Produktion gegenüber der Welt nicht eine Art und Weise ist, von der gesellschaftlichen und politischen Ordnung abzulenken und Energien zu kanalisieren: Für einen Moment des Bruchs wird die gewöhnliche Ordnung aufgehoben, um danach zu ihr zurückzukehren und sich wieder in sie einzufinden, als wäre nichts geschehen, anstatt sie zu verändern ... So käme man zu einer Reflexion über die List der politischen Vernunft, die im Bemühen um ein nicht engagiertes Wissen (oder, in anderen Bereichen, um eine formale Kunst, eine reine Literatur) am Werk ist. Und zweifellos bezog sich Adorno auf ebendiese Möglichkeit, als er von einer »Verfilzung von Konformismus und Selbstinthronisierung der Wissenschaft« sprach.[20]

III. Die Falschheit der Welt

Auf dieser Stufe unserer Überlegungen müssen wir schrittweise und umsichtig vorgehen, denn zahlreiche Fragen drohen sich zu verschränken und zu verkeilen. Darin besteht eine der Schwierigkeiten, wenn man ein Buch schreibt: Um zu sagen, was man sagen möchte, muss man mitunter vieles gleichzeitig sagen – andernfalls läuft man Gefahr, nicht genau genug zu sein oder missverstanden zu werden. Aber eine solche Gleichzeitigkeit ist natürlich unmöglich. Dem Schreiben eignet daher oft ein Moment der Untreue gegenüber der Bewegung des Denkens; zwischen beidem findet eine Art Aushandeln statt.

Zunächst möchte ich eine der wesentlichen Fragen bei der Auseinandersetzung mit diesem Problemfeld erörtern, nämlich die nach den Beziehungen zwischen Wissen, Politik und Wahrheit. Wenn wir mit der Idee der Wissenschaft als Selbstzweck brechen, also vom Gedanken eines Eigenwerts des Wissens Abstand nehmen und die Notwendigkeit oppositionellen Verhaltens berücksichtigen, welche Konzeption der Praxis der Philosophie, der Sozialwissenschaften und der »Veridiktion«, also des Wahrsprechens, folgt dann daraus? Was charakterisiert theoretische Praxis ausgehend von dem ethischen Anspruch, nicht zum Fortbestehen einer schlechten Welt beizutragen? Wie lässt sich eine oppositionelle Praxis mit einer Praxis des Wissens verbinden? Und welche neuen Bedeutungen müssen wir im Rahmen eines solchen Projekts folglich den Begriffen der Wahrheit und Objektivität geben?

Eine direkte Verbindung von Politik und Wahrheit können wir uns offenkundig nur mit Mühe vorstellen, da wir zu einem einfachen, selbstbezüglichen und abstrakten Wahrheitsbegriff neigen, nach dem eine wahre Aussage nur auf sich selbst verweist. Es ist dieses Verständnis, das dem Gedanken der Autonomie der Wissenschaft gegenüber der Politik vorausgeht. Wenn es einen eigenständigen Bereich der wissenschaftlichen Aussage gibt, erscheint es logisch, die Notwendigkeit einer Trennung zwischen außerwissenschaftlichen und wissenschaftlichen Interessen zu behaupten.

Zunächst möchte ich nochmals betonen, dass ich durchaus an die Existenz »neutraler« Feststellungen glaube. Doch selbst wenn man das Denken auf solche Aussagen beschränken würde, wäre das kein Hinderungsgrund für das Projekt einer ethischen Reflexion über die wissenschaftliche Produktion. In diesem Fall wären noch immer die Themen, die Darstellungsweisen und die Arten des Schreibens zu wählen, und es wäre weiterhin völlig legitim, sich zu fragen, welche Arten von Realität man zulasten anderer untersucht, welche Arten von Wahrheit man produziert und welchen Charakter die Formate haben, in denen man dies tut.

Vor allem aber möchte ich starkmachen, dass diese Art von Aussagen nicht die einzig vorstellbare ist. Es lässt sich auch ein – unmittelbar – oppositionelles Wissen produzieren, also eine Praxis der Sozialwissenschaften entwerfen, die eine Praxis des Wissens und zugleich eine der Infragestellung ist (das Wort »Kritik« verwende ich bewusst nicht und werde weiter unten erklären, warum). Wir können Untersuchungen betreiben, die die Welt gerade deshalb infrage stellen, weil sie wahr sind. Ihren politischen Charakter erhalten sie nicht erst nachträglich; er ergibt sich nicht aus Lehren, die man aus dem Wissen zieht, sondern liegt in diesem Wissen selbst. Dazu müssen wir jedoch die Begriffe von Wahrheit und Objektivierung anders fassen: Der Gedanke der Autonomie zieht die Vorstellung nach sich, dass wissenschaftliche Aussagen harmlos sind, und sieht vollkommen von der Welt und ihrer Funktionsweise ab. Er berücksichtigt nicht das Verhältnis der Aussage zu der Realität, auf die sie zielt: Die Wahrheit kann sich nämlich aktiv auf ihren Gegenstand beziehen. Wie lässt sich nun die Auffassung zurückweisen, dass Wissen und oppositionelles Verhalten zwei unterschiedlichen erkenntnistheoretischen Ordnungen angehören? Und wie können wir aus der Wahrheit ein oppositionelles Konzept machen?

Die Einheit der Kritik

Die meisten Elemente zur Untermauerung unserer Reflexion über die Praxis des Wissens lassen sich aus der Theorie von Adorno schöpfen. In einer Formulierung, die auf den ersten Blick rätselhaft scheinen mag, spricht er von der »Falschheit« der Welt. Die Gesellschaft beruht auf Institutionen, die über ihr eigenes Wirken lügen, sie stellt sich in trügerischen Begriffen dar. Von diesem Moment an bedeutet die Wahrheit zu sagen eo ipso, zur Veränderung der Welt und ihrer Institutionen aufzurufen. So bemerkt Adorno: »Nicht weniger sinnvoll ist es, von der Wahrheit einer gesellschaftlichen Institution zu reden, als von der der Theoreme, die mit ihr sich beschäftigen.«[21] Diese These führt Adorno zur Infragestellung der Auffassung, das Feld der wissenschaftlichen und theoretischen Diskussion ließe sich von seiner Beziehung zu Öffentlichkeit und Politik trennen.

Der Autor der *Negativen Dialektik* führt uns zur Frage nach der Bedeutung des Wortes »Kritik«. Was heißt kritisieren? Zweierlei, so wird gemeinhin angenommen. Die erste Bedeutung des Begriffs wäre demnach auf die Theorie bezogen und beträfe »einen ›reinen Mechanismus der vorläufigen Bewährung allgemeiner Sätze der Wissenschaft‹« (Kritik eines Begriffs, einer Argumentation ...). Die zweite wäre politisch und beträfe die Infragestellung der gesellschaftlichen Ordnung (Kritik der Ausbeutung, der Ungerechtigkeit ...).

Dieser Zweiteilung widerspricht Adorno: »Akzeptiert man den Popperschen rein cognitiven oder, wenn man will, ›subjektiven‹ Begriff der Kritik, die nur der Einstimmigkeit der Erkenntnis, nicht der Legitimation der erkannten Sache gelten soll, so kann es dabei fürs Denken nicht sein Bewenden haben. Denn hier und dort ist die kritische Vernunft ein Gleiches, nicht treten zwei ›Vermögen‹ in Aktion; die Identität des Wortes ist kein Zufall. Cognitive Kritik, die an Erkenntnissen und vor allem an Theoremen, untersucht notwendig auch, ob die Gegenstände der Erkenntnis sind, was sie ihrem eigenen Begriff nach zu sein beanspruchen. Sonst wäre sie formalistisch. Nie ist immanente Kritik rein logische allein, sondern stets auch inhaltliche«.[22]

Adorno lehnt den »Szientismus« ab, der sich »unter Berufung auf seine gesellschaftliche Neutralität« gegen »Kritik am Gegenstand anstatt bloß an logischen Unstimmigkeiten wehrt«.[23] Dagegen macht er geltend, was er als *Einheit der Kritik* bezeichnet – die wissenschaftliche und die politische Kritik sind ein- und dieselbe Tätigkeit: »Kritik am Verhältnis wissenschaftlicher Sätze zu dem, worauf sie gehen, wird jedoch unaufhaltsam zur Kritik der Sache gedrängt.«[24]

Diese Einheit der Kritik illustriert Adorno exemplarisch an Marx und seiner Dekonstruktion der politischen Ökonomie und des Tauschbegriffs. Die kapitalistische Gesellschaft beruht auf einer Reihe von Konzeptionen wie »Markt«, »Tausch«, »Äquivalenz«, »Freiheit«. Die Behauptung einer Äquivalenz des Getauschten begründet das bürgerlich-liberale Verständnis des Marktes als Ort der Freiheit unter gleichen Individuen.

Die marxistische Kritik der politischen Ökonomie erweist die sich auf solche Konzeptionen stützende Gesellschaft jedoch als falsch. Marx bestreitet, dass es eine »Äquivalenz des Getauschten« gibt. Dieses mythische Prinzip, das die »Basis allen Tausches« darstellt, hält der Analyse nicht stand, denn auf dem Arbeitsmarkt existiert eine Ware, deren Konsumtion die Quelle des Werts ist (die Arbeitskraft). Weil es der Kapitalist ist, der sich diesen »Wert« (den Mehrwert) aneignet, besteht im Tausch nicht Gleichheit, sondern Ausbeutung. Anders formuliert: Marx zeigt, dass auf dem Markt »alles mit rechten Dingen zugeht und doch nicht mit rechten Dingen«.

Was bei der kognitiven Kritik der Begriffe der politischen Ökonomie und der wissenschaftlichen Erörterung ihrer Voraussetzungen verhandelt wird, ist der Charakter der bürgerlichen Gesellschaft. Wenn die politische Ökonomie Recht hat, ist die Gesellschaft eine »Assoziation freier und selbständiger Subjekte«; trifft dagegen Marx' Kritik zu, dann ist sie grundsätzlich ungerecht – und muss folglich verändert werden: Zeigt man, dass »das Tauschprinzip [...] sich zwangvoll in objektive Ungleichheit, die der Klassen«, verkehrt, dann betreibt man zwar durchaus eine »[l]ogische Kritik«, doch diese mündet *von selbst* in die »emphatisch praktische, die Gesellschaft müsse verändert werden, allein schon um den Rückfall in die Barbarei zu verhindern«.

Marx' Hinterfragung der Begriffe von Tausch und Markt

zeigt exemplarisch, wie die »logische« und die »praktische« Kritik »Momente der gleichen Bewegung des Begriffs« sind. Die Praxis des Wissens schließt notwendig eine Stellungnahme zur Wirklichkeit ein: »Kritik am Verhältnis wissenschaftlicher Sätze zu dem, worauf sie gehen, wird jedoch unaufhaltsam zur Kritik der Sache gedrängt. [...] Die Idee wissenschaftlicher Wahrheit ist nicht abzuspalten von der einer wahren Gesellschaft.«[25]

Infragestellungen

Der Gedanke, dass die Welt in »Falschheit« existiert – und Wahrheit folglich ein oppositioneller Begriff ist –, hat etwas Faszinierendes. Natürlich behaupte ich nicht, dass dieser Ansatz der einzige sei, der oppositionelles Wissen hervorbringen kann. Und ich behaupte auch nicht, dass alle an Ethik orientierten Autoren ihn teilen und entsprechend vorgehen. Dennoch muss man die Vorstellung, die Welt oder die Institutionen seien derart falsch und irrational, dass die Suche nach Wahrheit als solche zu einem oppositionellen Unternehmen wird, meines Erachtens hervorheben. Eine Institution oder Praxis objektiv zu fassen heißt zu zeigen, wie sie uns schlecht behandelt, wie sie lügt und auf irrationalen Überzeugungen und Praxen beruht – kurz, inwiefern sie falsch ist.

Eine bestimmte Lesart der Arbeiten Pierre Bourdieus,

insbesondere seiner Soziologie des Bildungswesens, kann uns bei der Begründung und Untermauerung dieser Konzeption sozialwissenschaftlicher Praxis und Theorie helfen, auch wenn sie dort mit anderen Worten formuliert wird.

Bourdieu hat oft betont, dass seine Arbeiten über das Schulsystem die Verwirklichung einer »rationalen Pädagogik« ermöglichen sollen. Gibt er uns damit nicht im Umkehrschluss zu verstehen, dass die heutige Pädagogik und die etablierte Praxis der Lehre »irrational« sind? Und wenn die Welt irrational ist, bedeutet das nicht, dass der Gebrauch der Vernunft als solcher ein oppositionelles Unterfangen ist?

In *Die Erben* gehen Bourdieu und Jean-Claude Passeron in diesem Sinne recht weit. Sie erklären, die Feststellung gesellschaftlich bedingter Unterschiede des Bildungserfolges sei bereits an sich eine »Infragestellung« des existierenden Bildungswesens: »Man versteht nun besser, weshalb die schlichte Beschreibung gesellschaftlicher Unterschiede und der durch sie hervorgerufenen Bildungsunterschiede keine bloße Routine sein kann, sondern an sich schon eine grundsätzliche *Infragestellung* des gegenwärtigen Systems bedeutet. Die Enthüllung des kulturellen Privilegs macht die apologetische Ideologie zunichte, die es den privilegierten Klassen als hauptsächlichen Nutznießern dieser Bildungsordnung ermöglicht, in ihrem Erfolg die Bestätigung natürlicher und persönlicher Begabung zu sehen, und weil diese Ideologie der Begabung vor allem auf einer Blindheit gegenüber den gesellschaftlichen Ungleichheiten in Bildung und

Kultur beruht, nimmt die bloße Beschreibung der Beziehungen zwischen universitärem Erfolg und sozialer Herkunft schon *einen kritischen Zug* an.«[26]

Bourdieu und Passeron waren hier ohne Frage ziemlich optimistisch (oder naiv). Ihre heute weithin bekannte Feststellung hat die herrschende Ideologie kaum grundlegend verändert. Vor allem konnte sie vom konservativen Denken so vereinnahmt und uminterpretiert werden, dass sich ihre Bedeutung entschärfen ließ. Anders formuliert: Oppositionell ist weniger die Feststellung oder Tatsache an sich als die Bedeutung, die ihr im Rahmen einer Theorie der Wahrheit der Reproduktion und Legitimation von Herrschaft zugewiesen wird.

Bourdieu entwickelt ein Projekt, in dem die Wahrheit eine aktive und destabilisierende Kraft besitzt: Sie stellt gesellschaftliche Institutionen und ihre Fundamente »infrage«, ja macht sie »zunichte«. Worauf läuft eine gesellschaftliche Analyse des Bildungswesens also hinaus? Bourdieu belässt es nicht dabei, die Institutionen und ihre Wirkung zu »beschreiben«. Oder genauer: Er beschreibt sie, aber nicht im geläufigen Sinne des Wortes. Denn Bourdieus Art von Beschreibung beruht auf dem Gedanken, die Praxis des Bildungswesens zu bestimmen, indem sie zu soziologischen Erkenntnissen ins Verhältnis gesetzt wird: Während die Soziologie zeigt, dass kulturelle Kenntnisse ungleich verteilt sind, bestreitet das Bildungswesen eine solche Differenzierung, indem es mit dem Anspruch auftritt, alle Schüler gleich und unterschiedslos zu behandeln.

Seine Funktion, das Bestehende aufrechtzuerhalten, offenbart sich in der Tatsache, dass es die Wahrheit über die Zustände ignoriert. Wer das Bildungswesen kennt, kennt nunmehr seine Falschheit; beschreibt man es, dann beschreibt man seine Irrationalität, sodass theoretische Analyse und destabilisierende Praxis Momente derselben Bewegung des Wahren sind.

Dieser Methode, Gesellschaftsanalyse als Taktik der Destabilisierung von Institutionen, der in ihnen wirkenden Interessen und ihres Umgangs mit Menschen einzusetzen, habe ich selbst in meinen Arbeiten über die Universität und das Strafsystem zu folgen versucht. In *Logique de la création* rekonstruiere ich den problematischen Charakter bestimmter akademischer Strukturen der Produktion, Evaluation und Zirkulation von Wissen, indem ich von der Wahrheit des Lebens und Wirkens kritischer Denker und Kulturschaffender ausgehe.[27] In *Verurteilen* rege ich an, darüber nachzudenken, welche Form eine gesellschaftliche Untersuchung des strafenden Staates, der Praktiken des Verurteilens und der Strafverfolgung annehmen muss.[28] Ein Verständnis der Funktionsweise des strafenden Staates kann sich nicht darin erschöpfen, seine Maßnahmen zu »beschreiben«, die dabei entstehenden Interaktionen freizulegen und sie zu erklären. Natürlich geht es um eine Beschreibung. Aber sie besteht darin, *den Staat mit dem soziologischen Wissen zu konfrontieren.* Die Prämissen der Strafverfolgung und des Verurteilens, ihren Charakter und ihre Funktion zu objektivieren, bedeutet aufzudecken, inwiefern sie fiktiv sind und in einem Missverhältnis zur Wahrheit über die gesellschaftliche Welt stehen. Es bedeutet zu beschreiben, wie der strafende Staat mit unwahren und phantasmatischen Kategorien (der Verantwortung, der Gewalt, des Verbrechens, der Gesellschaft) hantiert. Eine Analyse des Staates auszuarbeiten heißt dann nicht mehr, ihn zu »begreifen«, sondern vom soziologischen Denken auszugehen, um die Gültigkeit der Rahmen der Strafordnung zu hinterfragen. Diese Praxis des Wissens verdeutlicht die Kluft zwischen dem, was die soziologische Theorie enthüllt (über uns selbst, die Politik und den Staat, über die Handlungslogiken), und der Art und Weise, wie sich die Systeme des Verurteilens und der Repression auf uns beziehen, indem sie eine andere Theorie des Handelns und des Subjekts ins Werk setzen. Beschreiben, Kennen und Infragestellen sind ein- und dasselbe.

Was »objektivieren« bedeutet

Was in der Gesellschaft als Gewalt und als Problematik auftritt, ist die Kluft zwischen der Art unserer Behandlung und der Realität dessen, was wir sind, zwischen der Art, wie über uns gesprochen wird, und dem, was wir selbst erleben. Es ist diese Kluft, die Gewalt erzeugt. *Die soziale Welt zu kennen heißt, diese Kluft zu objektivieren … und somit eo ipso, Gewalt und Repression freizulegen.*

Diese Problematisierung des Begriffs der Objektivierung ist wichtig, weil sie zu zeigen erlaubt, dass die Infragestellung der Welt anders als mitunter behauptet nicht von moralischen oder subjektiven Werten des Forschers abhängt, die es folglich aus der Wissenschaft herauszuhalten gelte. Die »Repression«, genauer, der repressive Charakter der Macht und die Falschheit der Welt sind feststellbare Tatsachen, sie erscheinen in der Kluft zwischen der Realität des Lebens von Menschen und ihrem Werdegang einerseits und der Art, wie mit ihrem Leben umgegangen wird, andererseits. In dieser Kluft zwischen zwei objektivierbaren Realitäten, die folglich ihrerseits objektivierbar ist, tritt die Tatsache zutage, dass etwas nicht in Ordnung ist.

Anders formuliert: Wahrheit ist kein neutraler Begriff ohne gesellschaftliche Implikationen. Sie lässt sich als ein aktiver und oppositioneller Begriff fassen. Es gibt ein gesellschaftliches Interesse an der Wahrheit und an der Unwahrheit. Und das ist einer der Gründe dafür, dass die Vorstellung eines »wissenschaftlichen Feldes«, bevölkert von Individuen, deren Beruf in der Suche nach der Wahrheit besteht, ausgesprochen zweifelhaft erscheint, ja geradezu naiv.

Die Konzeption wissenschaftlicher Praxis, um die es mir hier geht, richtet sich gegen eine erkenntnistheoretische Position, die zunächst eine Unterscheidung zwischen Wissen und Intervention einführt und diese beiden Dimensionen sodann wieder durch die Behauptung zu verbinden versucht, das Wissen stelle die Werkzeuge für eine Veränderung der Welt oder für Interventionen in sie bereit. Diese Vorstellung tendiert dazu, am Gedanken eines neutralen Wissens festzuhalten, dessen praktischer Charakter erst *in einem zweiten Schritt* erscheint, falls der Wissenschaftler es möchte und seine Werteorientierung ihn dazu drängt.

Die Sozialwissenschaft, wie ich sie verstehe, stellt ein unmittelbar oppositionelles Wissen dar. *Sie definiert sich als Infragestellung von Ideologien, Institutionen und gesellschaftlichen Rahmenstrukturen. Die soziale Welt zu objektivieren heißt das zu objektivieren, was in ihr nicht in Ordnung ist, sowie die Gründe dafür. Wissen heißt, die Missstände in der Gesellschaft aufzudecken, ihre Probleme und ihre Falschheit.* Es bedeutet, Institutionen, ihre Schattenseiten und Grausamkeiten anzugreifen. Die Objektivierung des Marktes bedeutet für Marx zu zeigen, wie der vermeintlich freie Tausch zwischen Gleichen in Wirklichkeit ein Ausbeutungsverhältnis konstituiert. Die soziologische Untersuchung des Bildungssystems läuft auf eine Kritik an der Ideologie der Begabung und den Nachweis hinaus, wie die sogenannte Meritokratie eine gigantische Maschine der sozialen Reproduktion und ihrer Legitimierung darstellt. Die Analyse des Systems des Verurteilens und der Strafverfolgung bringt den repressiven und gewaltförmigen Charakter der Kategorien eines Apparates ans Licht, der sich als Ort der Neutralität und Rationalität präsentiert. Und die Beschreibung der Universität deckt auf, wie die akademischen Strukturen die Reproduktion etablierten Wissens gewährleisten, anstatt eigenständiges Denken und widerständigen Geist zu fördern. Die Absicht der Destabilisierung ergibt sich bei dieser Wissensproduktion somit nicht *ex post*, sondern *ex ante*. Je mehr man über die Gesellschaft weiß, umso mehr gewinnt man einen klaren Blick auf sie und wird zu ihrer Infragestellung getrieben. Die Wahrheit der Welt ist ihre Falschheit.

Aus diesem Grund würde ich die Philosophie nicht wie Deleuze und Guattari als »die Kunst der Bildung, Erfindung, Herstellung von Begriffen« definieren. Es ist übrigens sicher kein Zufall, dass sie diese harmlose Definition gegen Ende ihres Lebens formulierten, »wenn das Alter naht«, wie sie selbst meinten.[29] Eine solche Konzeption kann man nur formulieren, wenn man das Schlachtfeld verlassen hat, die Praxis aus der Ferne betrachtet, nicht mehr engagiert ist.

Deleuze und Guattari räumen selbst ein, dass sie die Frage nach dem Wesen der Philosophie deshalb erst so spät stellen konnten, weil sie vorher zu sehr von der philosophischen Praxis beansprucht wurden. Der Versuch, eine Praxis zu definieren, birgt stets eine Falle, denn der Moment ihrer Definition erfordert ihre Suspendierung, sodass die getroffenen Definitionen dann häufig eine Distanz zu ihrer Wirklichkeit ausdrücken.

Philosophie und Sozialwissenschaft sind keine Kunst der Erfindung von Begriffen. Ein solcher selbstbezüglicher Charakter gehört nicht zu ihrem Kern, oder zumindest muss dies nicht der Fall sein. Philosophie und Sozialwissenschaft bestehen darin, die Falschheit der Welt auszusprechen. Ihre Funktion ist es, Institutionen zu destabilisieren, ihre Grundlagen zunichtezumachen, ihren mystifizierenden Charakter zu benennen. Es sind Praxen, die oppositionelle Wahrheiten gegen die Falschheit und Bösartigkeit – die Macht ist bösartig, sagte Deleuze oft – des Bestehenden und der gesellschaftlichen Maschinerien herstellen, in denen wir gefangen sind.

Neutralität und Engagement gegen das Engagement

Wenn es stimmt, dass Wissen Infragestellen bedeutet, müssen wir die Beziehungen zwischen Autonomie, wissenschaftlichem Anspruch und politischer Praxis anders fassen und der Verknüpfung dieser drei Termini eine andere Bedeutung geben als traditionell üblich. Man könnte sich sogar fragen, ob nicht beispielsweise beim Begriffspaar Neutralität/Politik entgegen einer verbreiteten spontanen Auffassung gerade der erste Terminus als Ausdruck von Heteronomie zu werten wäre, denn der Verzicht auf Engagement bedeutet, dass die Logik des Wissens von einer konservativen Position gehemmt wird, während die oppositionelle Praxis autonom ist und der Idee des Wissens und der Ethik der Forschung treu bleibt.

Dieser Gedanke lässt sich exemplarisch an einer beständig wiederkehrenden Debatte in den Sozialwissenschaften illustrieren, nämlich der Diskussion über das Verhältnis zwischen »Erklären« und »Entschuldigen«. Bekanntlich sind die Sozialwissenschaften seit ihrer Entstehung immer wieder konservativen Attacken ausgesetzt, die sich auf den ritualisierten Vorwurf stützen, sie sprächen die Individuen von ihrer Schuld oder Verantwortung frei. Gegenüber dieser Kritik nimmt die große Mehrheit der Sozialwissenschaftler eine defensive oder versöhnlerische Position ein, indem sie wiederholt versichert, dass »Erklären« nicht »Entschuldigen« sei.

Diese Entpolitisierung des soziologischen Wissens läuft auf die Behauptung hinaus, die Aufgabe, Phänomene zu kennen (»Wissen«), dürfe nicht mit der Einnahme einer kritischen Position gegenüber den Institutionen (»Engagement«) vermischt werden, und das Begreifen eines Systems sei als Wissenschaft zu werten, wohingegen Verantwortung in den Bereich des Rechts falle, sodass man sich hier in zwei verschiedenen Welten bewege.

Wie kann man die Bedeutung des soziologischen Wissens derart verharmlosen? Selbstverständlich besteht eine Spannung zwischen dem durch die Analyse der Gesellschaft vorangetriebenen Aufdecken kollektiver Bestimmungsgründe von Handlungen und jeder Erzählung, die das Handeln der einzelnen Individuen zur Ursache für das Geschehen in der Welt erklärt. Die Soziologie begibt sich in einen unmittelbaren Gegensatz zur sozialen Welt, sofern diese auf die Akteure falsche individualisierende Erzählungen anwendet, also zum Beispiel in einen Gegensatz zum strafenden Staat. Diese Spannung zu entschärfen, indem man das Wort »Entschuldigung« zurückweist und erklärt, dass die Soziologie »nichts entschuldigt«, dass sie »die Richter ihre Arbeit machen lässt« und das Feld soziologischer Aussagen von der politischen Arena zu unterscheiden sei, ist ein hochpolitischer Akt der Verstümmelung. Zu sagen, dass die Soziologie nichts »entschuldigt«, ist genauso absurd, als hätte Bourdieu geschrieben, die Aufdeckung sozialer Ursachen von schulischem Misserfolg sei keine Infragestellung der meritokratischen Ideologie und kein Hinderungsgrund, einen Schüler aus der beherrschten Klasse für sein Scheitern verantwortlich zu machen. So wie die Soziologie des Bildungswesens an sich, ihrem Wesen nach, die Ideologie der Meritokratie und der individuellen Begabung zunichtemacht, ist die Soziologie im Allgemeinen ein Diskurs, der die Gültigkeit jeder Individualisierung von Kausalzusammenhängen torpediert.

Die mit ihrem Beharren auf Neutralität eine Art *Eskapismus* praktizierende Sozialwissenschaft beruht auf einer defensiven – und somit heteronomen – Haltung, die die oppositionelle Bedeutung des eigenen Wissens neutralisiert und es nicht konsequent zu Ende denkt, obwohl jeder Wissenschaftler dies eigentlich tun müsste, auch wenn er mit einer solchen Haltung zwangsläufig aneckt. Sich das Wort »Entschuldigung« (das übrigens im heutigen Recht bereits existiert) hingegen wieder anzueignen bedeutet dann nicht nur eine Weigerung, sich vom konservativen Lager einschüchtern zu lassen. Darin manifestiert sich auch, dass man einer kompromisslosen Ethik des Wissens folgt: Wenn zwischen unseren Erkenntnissen und der Funktionsweise der Institutionen eine Spannung besteht, dann muss man es auf sich nehmen, diese Spannung zu Ende zu denken und so das Potenzial der Sozialwissenschaft auszuschöpfen, selbst wenn dies zur Folge hat, dass wir die soziale Welt und so fest etablierte Institutionen wie Gericht und Recht in ihren heutigen Formen in die Krise stürzen. Nicht die Bejahung, sondern die Ablehnung einer solchen destabilisierenden Wirkung des Denkens ist problematisch.

In gewissem Sinne setzt die Frage nach dem Engagement oder den Beziehungen zwischen »Wissen« und »Intervention« voraus, dass man zuvor die Praxis der sozialen Objektivierung entpolitisiert beziehungsweise sich für die Produktion eines entpolitisierten Wissens entschieden hat. Die Frage nach ihrem Verhältnis zur Politik lässt sich nur aufs Tapet bringen, nachdem man die Wissenschaft ihres oppositionellen Gehalts beraubt hat. Die klassische Formulierung der Frage nach dem Engagement wäre insofern Hinweis auf ein verkehrtes Vorgehen: Zuerst entpolitisiert man die Wahrheit, um danach in aller Harmlosigkeit nach ihrem Verhältnis zur Politik zu fragen.

IV.
Die Fallstricke der Kritik

Ich behaupte im vorliegenden Buch keineswegs, dass alle Sozialwissenschaft oppositionell wäre – so wie es manchmal heißt, sie sei notwendigerweise »kritisch«, womit man die Frage, unter welchen Bedingungen dies wirklich der Fall ist, umgehen und weiterhin seinen gewohnten Tätigkeiten nachgehen kann, ohne sich um ihre richtige Gestaltung zu kümmern.

Ich behaupte, dass es eine Möglichkeit gibt, die Welt zu problematisieren und die Begriffe Wahrheit und Objektivierung so zu fassen, dass das Wissen die Welt destabilisiert, indem es ihre Negativität und Falschheit aufdeckt. Dazu müssen wir intellektuelle Arbeit, Schreiben und Objektivierung auf eine bestimmte Weise konzipieren. In gewissem Sinne definiert sich jede sozialwissenschaftliche Praxis, die nicht an diesem Projekt teilhat, im Gegensatz zu dem Bemühen um eine Destabilisierung der Welt. Sie zieht es vor, sich nicht zu engagieren, und macht sich dadurch zur Komplizin bei der Aufrechterhaltung des Systems. Da eine oppositionelle Sozialwissenschaft möglich ist, definiert sich jede Sozialwissenschaft, die – in einer schlechten Welt – anders verfährt, gegen sie. Und diese Entscheidung, das Wissen vom Engagement zu trennen, neutralisierte Kenntnisse hervorzubringen und die bestehende Welt aufrechtzuerhalten, ist eine *unethische Entscheidung für das Mitmachen*.

Es ist allerdings sogleich zu präzisieren, dass ein Verständnis der eigenen Arbeiten als Hinterfragungen der Welt – als Arbeiten, für die der Gegenstand der Erkenntnis identisch ist mit dem, was es infrage zu stellen gilt –, nicht genügt, damit sie tatsächlich als solche gewertet werden können. Es genügt nicht, die eigene Praxis als »dysfunktional« zu definieren, damit sie es ist. Und es genügt nicht zu behaupten, man schreibe gegen »vorgefasste Meinungen« und den »gesunden Menschenverstand« an – endlos wiederholte Formulierungen, die die destabilisierende Dimension der Sozialwissenschaften auf den Nachweis reduzieren, dass etwas »nicht selbstverständlich« ist –, um einen emanzipatorischen Diskurs zu produzieren.

Denken in einer schlechten Welt erfordert es, dass wir uns eine bestimmte ambitionierte, strenge und anspruchsvolle Art von Sozialwissenschaft zu eigen machen und uns dafür die notwendigen erkenntnistheoretischen und methodischen Mittel verschaffen. Wir müssen eine Ethik der intellektuellen Arbeit formulieren, mit der das Ensemble der Dispositive, die die Produktion und Zirkulation des Wissens stützen, neu definiert wird.

Didier Eribon hat kürzlich behauptet, dass die Begriffe

»Determinismus« und »Immanenz« und vor allem ihre Verknüpfung zum Kern eines jeden kritischen Ansatzes gehörten – sodass im Umkehrschluss am kritischen Charakter von Ansätzen, die sich nicht auf sie beziehen, zu zweifeln sei, auch wenn sie einen solchen für sich beanspruchen.[30] Nach Joan Scott wiederum ist die kritische Ethik mit Vorstellungen von Diskontinuität und Öffnung verbunden – womit sie sich gegen die Annahme einer Transparenz von Erfahrung und Bewusstsein stellt und als Infragestellung jedes festen Fundaments bestimmt wird.[31]

Über die Kategorie »Kritik«

Mit beiden Auffassungen bin ich vollkommen einverstanden, und ich werde versuchen, sie mit meinem eigenen Instrumentarium zu verbinden. Dennoch bleibe ich zu ihnen in einer gewissen Distanz. Tatsächlich soll hier die These vertreten werden, dass *die Reflexion über die Bedingungen der Produktion einer oppositionellen Theorie uns dazu anhalten sollte, das Wort »Kritik« mit Vorsicht zu verwenden.*

Von der ersten Seite dieses Buches an habe ich es sorgfältig vermieden, das Wort »Kritik« als Bezeichnung für meine Vorgehensweise zu gebrauchen. Das mag merkwürdig scheinen, denn die Autoren, die bislang Thema waren und auf die ich mich beziehe, werden traditionell der Kategorie der »kritischen Theorie« zugerechnet. Doch *vielleicht sollte man damit aufhören, dem Signifikanten »Kritik« so viel Bedeutung und Wert beizumessen, und es ist Zeit, unsere Vorgehensweisen anders zu bezeichnen.*

Wenn wir die Welt infrage stellen wollen, müssen wir uns nicht nur in Abgrenzung zu konservativen oder »neutralen« Ansätzen definieren. Wir müssen auch bestimmten Ausdrucksformen von Kritik misstrauen. Denn es existieren systemkonforme Kritiken, also Aussagen, die sich entgegen dem Anschein und ungeachtet der Absichten ihrer Vertreter in die Systeme einfügen, die sie anzuprangern meinen, und sie so verstärken. Es gibt Diskurse, die zwar durchaus kritisch und wahrheitsgetreu sind, aber dennoch eine List der konservativen Vernunft darstellen.

Anders formuliert: Der kritische Charakter einer Aussage ist noch keine ausreichende Qualität, um ihr für ein ethisches Projekt Wert beizumessen. Wenn wir ein wirklich oppositionelles Wissen schaffen wollen, müssen wir uns der Produktion systemkonformer Kritiken entziehen. Doch wie müssen wir dann vorgehen? Und welche methodischen und erkenntnistheoretischen Anforderungen bringt dies mit sich?

Um diese schwierige Frage anzugehen, möchte ich mich auf einige Analysen stützen, die Michel Foucault am Schluss von *Überwachen und Strafen* entwickelt hat. In »Gesetzwidrigkeiten und Delinquenz«, dem vorletzten Abschnitt des Buches, macht er eine wichtige Bemerkung: Er weist darauf hin, dass sich die Geschichte des Gefängnisses nicht von der Geschichte der Kritik an ihm trennen lässt. Diese Kritik wird im selben Moment geboren wie das Gefängnis selbst: Kaum entstanden, wird es sofort als »eine große Niederlage der Strafjustiz« angeprangert.[32]

Noch bemerkenswerter erscheint, dass die seit den 1820er Jahren herausgebildeten Formen der Kritik des Gefängnisses bis heute »fast unverändert wiederholt werden«. Foucault führt einige von ihnen an: »Die Gefängnisse tragen nicht zur Verminderung der Kriminalität bei«; »Die Haft fördert den Rückfall«; »Das Gefängnis kann gar nicht anders, als Delinquenten zu fabrizieren«; »Die Bedingungen, unter denen die entlassenen Häftlinge stehen, verurteilen sie unausweichlich zum Rückfall«. So kommt er zu dem Befund: »Wort für Wort wiederholen sich von einem Jahrhundert zum andern dieselben Grundsätze und Vorschläge«.[33] Diese Formulierungen stellen auch heute noch den Kern dessen dar, was die Sozialwissenschaften oder die sogenannte kritische Theorie über das Gefängnis und sein Scheitern sagen.

Die gleichzeitige Entstehung des Gefängnisses und seiner Kritik sowie die Tatsache, dass die Wiederholung solcher kritischen Aussagen nicht den Fortbestand der Institution verhindert hat, führen Foucault zu einer Überlegung: Bilden diese anprangernden Diskurse – ohne dass es ihren Vertretern bewusst wäre – nicht letztlich einen Teil desselben Systems wie die von ihnen angeprangerte Realität, sodass ihre Verbreitung diese nicht infrage stellt, sondern im Gegenteil zu ihrer Beharrungskraft beiträgt? Das Gefängnis, seine Kritik und seine Reform wären demnach nicht drei voneinander getrennte und aufeinanderfolgende Momente, sondern Elemente ein- und desselben diskursiven und historischen Blocks.

Foucault versucht somit zu zeigen, worin die Kritik des Gefängnisses mit der Funktionsweise des Universums der Kerker verwandt ist. Sie vollzieht sich innerhalb seiner Ideologie; sie bekräftigt die Darstellung seiner offiziellen Funktion, seiner Werte, seines diskursiven Fundaments. Sie bedient sich derselben Definitionen, worin ein »Scheitern« oder ein »Mangel« der Institution besteht. Sie spricht dieselbe Sprache wie das Gefängnis. Wenn sich das Gefängnis und seine Kritik gleichermaßen statisch reproduzieren, dann deshalb, weil beide demselben Dispositiv angehören, das sie hervorbringt und innerhalb dessen sie sich gegenseitig verstärken: dem Kerkersystem. »Das Kerkersystem schließt Diskurse und Architekturen, Zwangsregelungen und wissenschaftliche Thesen, wirkliche gesellschaftliche Effekte und nicht aus der Welt zu schaffende Utopien […] zusammen«.[34]

Im Rahmen einer Reflexion über die intellektuelle und wissenschaftliche Praxis ist es wichtig, den Gedanken ernst zu nehmen, dass die Diagnosen, deren Verstrickung in das Gefängnissystem Foucault offenlegt, dennoch zugleich »kritisch« und »wahr« sind. Ihre Autoren können durchaus der Auffassung sein, dass sie mit ihnen zum Projekt einer wissenschaftlichen Infragestellung des Gefängnisses und der Zustände im Strafvollzug beitragen. Dennoch sind sie Komplizen der Institution und der gesellschaftlichen Ordnung, die sie anzuprangern meinen.

Die Ausarbeitung eines oppositionellen Wissens über das Gefängnis erfordert somit einen Bruch mit solchen Formen von Kritik. Dazu sind Analysen notwendig, die sich nicht darauf beschränken, die spezifische Realität des Gefängnisses zu ihrem Gegenstand zu machen, sondern die im Gegenteil in Begriffen des Systems, der Totalität denken und das Gefängnis innerhalb einer allgemeinen Ökonomie der Macht zu verorten wissen. Erst nachdem das »Kerkersystem« (Foucault) neu gefasst wurde, ist es möglich, die Realität anders zu deuten und zu begreifen, dass das, was Vertreter und Kritiker des Gefängnisses übereinstimmend als ein Scheitern werten, in Wirklichkeit eine seiner Funktionen im Rahmen einer disziplinierenden Verwaltung des Lebens darstellt. Sobald man die Ebene einer Analyse des Kerkersystems erklimmt, gewinnt man ein neues Verständnis vom Zweck des Gefängnisses. Worin bestehen seine objektiven Funktionen? Es hat zur Aufgabe, den Rückfall zu produzieren, ein kontrolliertes delinquentes Milieu hervorzubringen und den Delinquenten als eine spezifische Identität zu prägen; kurzum: Das Gefängnis soll »die Überschreitungen der Gesetze in einer allgemeinen Taktik der Unterwerfungen zweckmäßig organisieren«.[35] Was einer punktuellen, die Phänomene voneinander trennenden Betrachtungsweise als Scheitern erscheint, stellt sich in einer systematischen Perspektive als normale Funktionsweise der Disziplinarmächte dar, die an ebendiesem Punkt ihre Wirkung entfalten. Auf der einen Seite haben wir eine kritische, aber gleichwohl funktionale Aussage über das Gefängnis; auf der anderen steht ein oppositionelles Wissen über das Kerkersystem und die Disziplinarmächte.

Auch wenn ich es hier nicht Schritt für Schritt nachweisen werde, möchte ich hervorheben, dass dies Foucaults Denkfigur in *Der Wille zum Wissen* ist, wenn er zeigt, dass der kritische Diskurs über die Sexualunterdrückung selbst zu jenem Dispositiv der Sexualität gehört, das er anzugreifen meint. Ein anderes Beispiel: Didier Eribon hat in *Théorie de la littérature* dargelegt, wie bestimmte kritische, sich als subversiv verstehende Diskurse über sexuelle Normen tatsächlich als Elemente der bestehenden Geschlechterordnung interpretiert werden können, die selbst zur Reproduktion und Aufrechterhaltung von Normen beitragen.

Welche Lehre kann man aus diesen Analysen ziehen? Sicher die, dass *nicht jeder wahre und kritische Diskurs auch zugleich oppositionell ist. Es gibt wahre Diskurse, die sich als kritisch begreifen und es in gewissem Sinn auch sind, aber dennoch innerhalb des Systems der Macht funktionieren.*

Wenn man behauptet und mit Statistiken oder Interviews belegt, dass das Gefängnis nicht zur Resozialisierung führt, dann ist das tatsachlich eine wahre und kritische Aussage. Damit ist solchen Feststellungen im Rahmen einer Reflexion über Sozialwissenschaften, Philosophie und Theorie jedoch noch kein Wert zuzuerkennen. Denn sie gehen nicht weit genug: Da sie keine Verknüpfung mit einer Analyse des Kerkersystems und seiner objektiven Funktion eingehen, wodurch sie eine andere Bedeutung gewinnen würden, müssen sie als Modus betrachtet werden, das System am Laufen zu halten und es zu reproduzieren, erneuern sie und schreiben sie seine Grundkoordinaten (Resozialisierung, Rückfall, Umerziehung, Verbesserung) doch mit jedem einzelnen Satz fort. So gesehen sind sie als diskursive Formation in jenes System eingelassen, das auch im Gefängnis seinen Ausdruck findet.

Totalitäten

Das ethische Erfordernis, die Welt infrage zu stellen, muss uns dazu anleiten, Studien zu produzieren, die in Begriffen von Totalitäten denken, und den Bruch mit jedweder Art punktueller, isolierter und spezialisierter Forschungsprojekte zu vollziehen. Wenn man die spezifischen Realitäten nicht in jene unbewussten und verborgenen allgemeinen, uns determinierenden Systeme integriert, von denen sie geprägt werden und in denen sie eine andere als ihre vorgebliche Bedeutung annehmen, dann kann das von uns produzierte Wissen zwar »wahr« und sogar »kritisch« sein, wird aber nichtsdestoweniger in einer funktionalen Beziehung zu den Machtsystemen stehen.

Verknüpft man den oppositionellen Ansatz dergestalt mit dem Begriff der »Totalität«, dann gelangt man zu Adornos Auffassung, die dem Gedanken des Systems wesentliche Bedeutung zuschreibt, da er es ermöglicht, den verborgenen Sinn von Tatsachen zu erfassen: »In ihnen erscheint etwas, was sie nicht selbst sind.«[36] Aus demselben Grund hielt Horkheimer der sich als »Fachwissenschaft« verstehenden »traditionellen« Forschung ein auf das Ganze gerichtetes Verhalten entgegen, das unmittelbar »die Gesellschaft selbst zu seinem Gegenstand hat«.[37] Wer nicht in Begriffen der Totalität denkt, verurteilt sich Horkheimer zufolge dazu, in den Problemen der Welt lediglich »Missstände« zu sehen, die es »abzustellen« gelte. Wer dagegen von der Totalität ausgeht, dem erscheinen diese »Missstände« als »notwendig mit der ganzen Einrichtung des Gesellschaftsbaus verknüpft«, als ein Produkt der gesellschaftlichen Struktur. Die traditionelle Forschung will das Bestehende verbessern – es also konservieren. Was immer ihre Intentionen sein mögen, ihre Tragweite wird sich zwangsläufig auf diese Option beschränken. Die oppositionelle, in Horkheimers Worten, kritische Theorie zielt dagegen auf ein veränderndes Handeln.[38]

Die intellektuelle Produktion an ein politisches Anliegen zu koppeln, steigert somit entgegen einem gelegentlich erhobenen Einwand keineswegs das Risiko, aufgrund von ideologischen Neigungen oder Denkfaulheit im Namen des Kampfes mit der Begriffsarbeit Schluss zu machen und die Ansprüche an die eigene Tätigkeit zu senken. Es verhält sich sogar umgekehrt: Es sind die konservativen Ansätze, die ohne Begriffe auskommen, denn sie bestätigen die Welt, wie sie ist und wie sie sich der Wahrnehmung darstellt. Die begriffslose Beschreibung ist mit der Aufrechterhaltung des Bestehenden verbunden. Und wie Bourdieu treffend bemerkte: Wenn die gesellschaftliche Ordnung so gut verteidigt wird, dann aus dem Grund, weil auch ein Dummkopf sie verteidigen kann.

Sich selbst als etwas anderes erkennen

Für Kämpfe Partei zu ergreifen heißt, für ein Mehr an Bewusstsein und somit an Wissen einzutreten. Der ethische Drang, nicht an der Falschheit der Welt teilzuhaben, muss unsere Arbeitsweise beeinflussen: Es gilt mit Ansätzen zu brechen, die in Unkenntnis der Strukturen ein Rädchen ihrer Reproduktion oder Nichtinfragestellung bilden. Weil die auf uns lastenden Systeme auf eine unbewusste Weise wirken, weil wir im Inneren dieser Systeme als Subjekte produziert werden, erfordert die Ausarbeitung eines Wissens, das nicht mit ihnen im Bunde ist und sie herausfordern kann, einen Bruch mit dem gesunden Menschenverstand. Deshalb sind der Gedanke des Determinismus, des Unbewussten und der Intransparenz der Akteure sich selbst gegenüber wesentliche Elemente jedes oppositionellen Ansatzes. Sie drücken die Tatsache aus, dass wir in Strukturen gefangen sind, die sich uns entziehen, und dass Denken in einer schlechten Welt daher immer ein Freilegen verborgener Bedeutungen einschließt – wir gehen zu uns selbst auf Distanz und erkennen uns als etwas, das wir gar nicht zu sein glaubten.[39]

V. Das System denken

Mir ist durchaus bewusst, dass Adornos und Horkheimers Formulierungen der »Totalität« und der »Gesellschaft« eine Art Monismus und Eindimensionalität mit sich bringen. Sie setzen voraus, dass so etwas wie »das« System oder »die« Gesellschaft existiert – dass sämtliche Fakten auf eine einzige umfassende Struktur zurückführbar sind, die Adorno und Horkheimer zufolge in der ökonomischen Organisation und den industriellen Strukturen des Kapitalismus gründet.

Der Einsatz der theoretischen Moderne hat zweifellos auch in dem Nachweis bestanden, dass die soziale Welt als ein pluralistischer und heterogener Raum zu verstehen ist, in dem vielfältige widersprüchliche und chaotische Systeme existieren, ohne zwangsläufig zur Deckung zu kommen. Daher gilt es im Denken mit solchen spezifischen Totalitäten zu operieren und jede einzelne in ihrem je eigenen Register auf besondere Mechanismen der Macht und Herrschaft zu beziehen.[40]

Gleichzeitig ist jedoch an dem Gedanken festzuhalten,

dass eine Praxis des Wissens nur dann oppositionell sein kann, wenn sie in Begriffen von Totalität und System denkt. Die Reflexion über die Bedingungen der Formulierung einer dysfunktionalen theoretischen Praxis führt so dazu, dass wir eine in den meisten sozialwissenschaftlichen Disziplinen (Soziologie, Geschichte, Wirtschaftswissenschaft, Psychologie etc.) sehr verbreitete Methode infrage stellen müssen. Auf internationaler Ebene besteht die Tendenz, Forschung als ein Unternehmen zu definieren, das sich an *dem einzelnen Gegenstand orientiert*: Als Thema seiner Untersuchung muss der Forscher spezifische und klar abgegrenzte Ausschnitte der Realität wählen und sie mithilfe von Archivrecherchen, qualitativen und quantitativen Methoden oder durch eine Kombination dieser Techniken beschreiben.

Die Erarbeitung oppositionellen Wissens setzt voraus, das Erforschen und die Darstellung der Welt auf eine weniger intuitive, weniger spontane Weise voranzutreiben.[41] *Dem »Denken des einzelnen Gegenstands« ist das entgegenzuhalten, was »ein Denken durch das System« heißen soll* (so wie es von Georges Dumézil und Claude Lévi-Strauss definiert und später, in Verbindung mit einer Theorie der Herrschaft und der Macht, von Pierre Bourdieu und Michel Foucault neu gefasst worden ist). Wenn wir eine Sozialwissenschaft hervorbringen wollen, die imstande ist, die Welt zu destabilisieren, und mit ihren Untersuchungen nicht deren Funktionieren ratifiziert, dann müssen wir uns einen Ansatz zu eigen machen, der die Wirklichkeit vom System und vom Problem aus angeht und mit dem Prinzip der Fallstudie bricht.

Eine Ethik der Diskussion

Wie mir durchaus bewusst ist, kann eine solche Infragestellung der etablierten Wissensproduktion verletzend wirken und den Eindruck erwecken, man verunglimpfe einen Teil der wissenschaftlichen Tätigkeit – wenn geläufige Formen des Schreibens, Forschens und Untersuchens ungeachtet der Absichten und der Redlichkeit derer, die ihnen ihre Lebenszeit widmen, als blind gegenüber sich selbst und potenziell konservativ beschrieben werden, dann stellt dies natürlich auch konkrete Individuen und ihre Praxis infrage.

Wer etablierte Formen der Forschung ins Visier nimmt, befindet sich offenkundig in einer heiklen Situation. Diese Diskussion, die besonders in einer Welt wie der unseren notwendig ist, darf jedoch nicht aus Angst davor unterbunden werden, bestimmte Menschen, deren Glaubenssätze dabei dekonstruiert werden, zu verletzen. Andernfalls würde man sich verbieten, das Bestehende in Zweifel zu ziehen, und sich somit der Möglichkeit seiner Veränderung berauben.

Reflexivität und Verbesserungsfähigkeit sind sinnvolle Konzepte. Wenn der Gedanke der Wissenschaft (und besonders des intellektuellen Feldes) als Sphäre der Diskussion eine Bedeutung haben soll, dann ist die Hinterfragung bestimmter Strukturen, in denen Wissen produziert wird (und genauso die Frage, was Wissensproduktion überhaupt heißt), nicht ein »Angriff auf die Wissenschaft«, sondern im Gegenteil eine Form des Gebrauchs der wissenschaftlichen Vernunft, die sich in diesem Fall selbst zum Gegenstand macht, eine Art der akademischen Praxis, die ihrem Begriff und ihrer Definition treu bleibt.

Wenn die Aufgabe des Denkens darin besteht, Analysen und Erklärungen hervorzubringen, die sich von denen, die die Akteure selbst spontan formulieren, unterscheiden – was die Infragestellung von deren Vorstellungen und Werten mit sich bringen kann, aber nicht, um sich ihnen in einer Logik der Konfrontation entgegenzustellen, sondern um sie gemäß einer Logik der Verbesserung zu verändern –, dann gibt es keinen Grund, warum sich diese Dynamik nicht auch auf Wissenschaftler, Theoretiker und Forscher erstrecken sollte.

Die Logik des Denkens und Schreibens führt sicherlich immer zu einer Akzentuierung von Gegensätzen und zur Markierung von Grenzen. Die Aussage, dass es Kritiken gibt, die »mit dem System im Bunde« sind, dass wissenschaftliche Einstellungen »dysfunktional« sein müssen, um nicht objektiv an ihm mitzuwirken, bedeutet gleichwohl nicht, dass alle Arbeiten, die in einem anderen als dem hier definierten erkenntnistheoretischen und ethischen Rahmen angesiedelt sind und den klassischen elementaren Formen des wissenschaftlichen Lebens folgen, »uninteressant« oder

»feindlicher Natur« wären. Es lassen sich aus ihnen durchaus stichhaltige Gedanken, anregende Analysen etc. schöpfen. Das sollte uns aber nicht zu einer konservativen Position verleiten, die im Namen einer »Komplementarität« verschiedener sozialwissenschaftlicher und philosophischer Praktiken zum Erhalt des Status quo aufruft. Die Fragen müssen radikal gestellt werden. Wer sich dabei auf die Seite der Ethik stellt, tritt für die Verbesserungsfähigkeit ein: Die Frage nach der Möglichkeit, es besser und anders zu machen, muss immer wieder aufgeworfen und der Anspruch, über andere Arten der Produktion, Veröffentlichung und Verbreitung von Wissen nachzudenken, muss am Leben gehalten werden.

Die Sackgassen des Denkens des einzelnen Gegenstands

Auf den ersten Blick mag es seltsam erscheinen, das »Denken des einzelnen Gegenstands« infrage zu stellen: Was soll eigentlich problematisch an der Definition von Sozialwissenschaft als einer Arbeit sein, die sich zum Ziel setzt, die Welt zu beschreiben, und dazu bestimmte Realitäten – geschichtliche oder aktuelle Gebiete des Wissens – aus ihr herauslöst und sie studiert? Ist das nicht geradezu die Definition wissenschaftlicher Praxis? Kann man anders überhaupt vorgehen?

Zur Erörterung dieser Fragen scheint es mir sinnvoll, das Problem umzukehren. Es ist ergiebiger, sich Folgendes zu fragen: Welche Bereiche bleiben von der Dekonstruktion abgeschirmt, wenn man ausgehend vom Einzelgegenstand denkt? Welche Arten von Hinterfragung werden durch solche Ansätze *ausgeschlossen?*

Das Vorhaben, einen partiellen Gegenstand der sozialen Welt zu beschreiben, setzt den Verzicht auf eine Problematisierung des durch Erfahrung gesteckten Rahmens und der Systeme voraus, die diesen Gegenstand hervorbringen – womit sich eine solche Praxis dazu verurteilt, innerhalb der Totalität zu verharren, in die der Gegenstand sich einfügt und durch die er zu erklären wäre. Anstatt die Kategorien, die dem Wirken dieser Totalität inhärent sind, zu dekonstruieren, stellt sie ihr Funktionieren sicher.

Wenn man ein Gefängnis betritt, kann man beobachten und beschreiben, was in ihm geschieht; eine Infragestellung der Idee des Einsperrens, der Form des Gefängnisses als solcher, lässt sich aus solchen Beobachtungen jedoch nicht gewinnen. Man kann ein Gericht besuchen und feststellen, dass die Strafverfolgung je nach Beruf, ethnischer Zugehörigkeit, Geschlecht oder sozialer Herkunft der Angeklagten unterschiedlich ausfällt, man kann Statistiken über solche sozialen Ungleichheiten in der Konfrontation mit dem Repressionsapparat des Staates führen – das Konzept des Urteilens, des Gerichtsprozesses und der Strafverfolgung hingegen kann man auf diese Weise nicht hinterfragen. Die Kritik des Justizwesens macht es sich international weithin zur Aufgabe, die ungleiche und tendenziöse Behandlung aufzuzeigen, der die Rechtssubjekte je nach ihren sozialen Charakteristika unterworfen sind. Selbstverständlich kann man solchen Analysen eine Gültigkeit für die untersuchten Regionen oder Bereiche zubilligen, und in gewissem Sinn sind sie wahr und kritisch. Aber ebenso sind sie funktional. Denn wie sollte ein derartiger Ansatz in der Lage sein, die Idee der Strafverfolgung, eine Figur wie den Staatsanwalt oder die Tatsache, dass überhaupt gestraft wird, als solche infrage zu stellen? Wie sollte er die Frage aufwerfen können, warum eigentlich geurteilt wird? Wie sollte er die verborgenen symbolischen Dispositive ans Licht bringen, die diesen gesellschaftlichen und politischen Institutionen zugrunde liegen? Wie sollte er die Frage stellen, wie diese unbewussten Logiken folgenden Dispositive sich in eine allgemeine, nicht offen zutage liegende Ökonomie der Macht einfügen oder von demselben *Episteme* zeugen wie andere Institutionen, die weit entfernt scheinen und vermeintlich in keinerlei Beziehung zu ihnen stehen?

Das vom einzelnen Gegenstand ausgehende Denken kann solche Fragen weder beantworten noch auch nur stellen. Es ist blind für sie, und diese Blindheit zieht es sich selbst zu, indem es sich im Raum zwischen den Antworten situiert und die Fragen als Spekulation verwirft; als normativ, als Ausdruck einer strukturalen und deterministischen Philosophie, wo sie doch der Ausgangspunkt – und letztlich Gegenstand – jeder Untersuchung sein müssten. So entstehen Studien, die die landläufigen Kategorien und ihre aktuellen Definitionen festschreiben – und so im Grunde einen Beitrag dazu leisten, dass diese Kategorien in und durch uns lebendig bleiben.

Wer die soziale Welt aus dem Blickwinkel eines abgegrenzten Bereichs verstehen will, verurteilt sich selbst dazu, sich in den institutionell durchgesetzten Interaktionsrahmen einzuschließen. Die »Verfahrensweisen der Beobachtung« stoßen auf eine Welt, die ihre empirische Konkretheit aus Konstruktionsprinzipien gewinnt, die per definitionem weder weiter sichtbar sind noch als solche dargestellt werden. Folglich kann das Denken des einzelnen Gegenstands die Grundlagen, auf denen die von ihm beobachtete Szene beruht, weder problematisieren noch hinterfragen. Und diesen ursprünglichen und prinzipiellen Mangel kann keine noch so strenge Methode oder theoretische Interpretation beheben. Es erscheint also, als liefe das Ausgehen vom einzelnen Gegenstand auf das Einverständnis hinaus, sich in einen vorbestimmten Raum einzufügen und darauf zu verzichten, sich die Mittel für eine Untersuchung seiner Basis zu verschaffen, also die ideologische und politische Konstruktion der Wirklichkeit umzustürzen. Da aber auch ein anderes Vorgehen möglich ist, weist eine solche Art der Wissensproduktion auf die Entscheidung hin, zur Aufrechterhaltung des Systems beizutragen. Das auf den einzelnen Gegenstand gerichtete Denken zeugt von einer unethischen Entscheidung für das Mitmachen.

Hinzufügen lässt sich noch, dass die Mängel dieses Denkens nie durch den Rückgriff auf eine Figur zu beheben sind, die mitunter das »Aufsteigen zum Allgemeinen« genannt wird, denn die Konstruktion der Totalität muss die Untersuchung anleiten und ihr Ausgangspunkt sein (sie erlaubt es, die Wirklichkeit zu rekonstruieren), nicht ihr Endpunkt. Das Allgemeine geht dem punktuellen Besonderen voraus. Die Totalität ist überall und kann gleichwohl nicht aus verstreuten Einzelfakten abgeleitet werden. Allein durch die Anhäufung von Beobachtungen über Gefängnisse oder Zeitpläne gelangt man nicht zu einem Begriff wie dem des »Kerkersystems« :-) Ohne ein System im Kopf entgehen einem, wie Dumézil bemerkte, bei der Beobachtung spezifischer Realitäten häufig wichtige Elemente – man übersieht sie aus genau dem Grund, weil ihre Bedeutung nur im Licht der allgemeinen Struktur, deren Bestandteil sie sind, und der durch sie ermöglichten Vergleiche zutage tritt: »Der Vergleich, der komparatistische Geist, muss von Anfang an zum Tragen kommen.«[42]

Arbeiten, die sich nicht auf der Ebene von Strukturen bewegen, müssen ihre Untersuchungen zwangsläufig auf einem Niveau ansiedeln, auf dem sie blind für die Machtsysteme bleiben; dadurch fügen sie sich in diese Systeme ein und erhalten sie mit aufrecht. Ein auf das System gerichtetes Denken macht dagegen Bereiche der Erfahrung kenntlich, die sich uns entziehen, und gelangt so zu einem Wissen über Logiken, die sich entfalten, ohne dass uns dies bewusst wäre; es steckt Wissensgebiete anders ab und rekonstruiert die Wirklichkeit jenseits ihrer Erscheinungsform.

Ungleichheiten

Diese Reflexionen über die logischen und politischen Sackgassen des auf den einzelnen Gegenstand gerichteten Denkens bringen uns zu einer abschließenden Bemerkung über eine der wesentlichen Formen von Gesellschaftskritik. Die soziologische Analytik definiert sich zu häufig als ein Projekt, dessen Aufgabe darin besteht, Mechanismen der »Diskriminierung«, »Enteignung«, »Ungleichheit« etc. aufzudecken. Hierbei handelt es sich übrigens zugleich um die Art und Weise, wie die meisten von uns spontan »Kritik« definieren würden.

Auch die genannten Termini sind präzise und beziehen sich auf unbestreitbare Realitäten. Aber bedeutet eine solche Problematisierung von Missständen in Begriffen von »Ungleichheit« oder »Diskriminierung« nicht zugleich, dass man den Rahmen akzeptiert, in dem sich das von Ungleichheiten geprägte Leben der Menschen abspielt? Besteht das Problem in der Ungleichbehandlung durch den staatlichen Strafapparat oder in diesem Apparat an sich? Im ungleichmäßig verteilten schulischen Erfolg oder im Schulsystem, wie es grundsätzlich funktioniert? Eine solche Hinterfragung heißt nicht, dass man Ungleichheiten leugnet oder für unwichtig erklärt. Vielleicht gibt sie uns im Gegenteil die Mittel an die Hand, sie neu zu deuten.

Die Thematiken der Ungleichheit und der Diskriminierung sind möglicherweise grundlegend mit dem Denken in Einzelgegenständen verknüpft. An ihnen wird deutlich, wie sich die Sozialwissenschaften gegenüber der Macht verhalten, wie sie ihre Untersuchungen der Macht zumeist auf eine Kritik an deren ungleichen Effekten innerhalb des gegebenen Systems beschränken, das die Macht durch ihr Wirken selbst hervorbringt (und so konserviert), anstatt sich die Aufgabe zu stellen, das System in seiner Totalität zu begreifen.

Wenn wir die Möglichkeit einer radikalen Praxis erneuern wollen, müssen wir das systematische Denken erneuern. Andernfalls könnte das, was sich »Sozialwissenschaften« nennt, nichts weiter als die erkenntnistheoretische und kognitive Seite dessen sein, was man in politischer Hinsicht als »Konformismus« bezeichnet.

VI. Der Raum des Denkens

Abschließen möchte ich diese Untersuchung von Formen und Bildern des Denkens mit der Frage, welche Konsequenzen eine intellektuelle Ethik für die Konzeption des Schreibens und das Verhältnis des Autors zur Welt, zur Öffentlichkeit, zur Politik und den Institutionen mit sich bringt. Es soll gezeigt werden, dass die Einbeziehung einer ethischen Dimension in die Praxis nur dazu führen kann, dass man eine spezifische Beziehung zur Welt herstellt und unterhält.

Wenn man über das eigene Tun nachdenkt und dabei die Frage seiner politischen Auswirkungen berücksichtigt, hat dies Folgen dafür, wie man sich sein subjektives Verhältnis zu den unterschiedlichen Räumen und Zeitordnungen der sozialen und kulturellen Welt sowie zur Politik vorstellt. Anders gesagt: Man kann dem, was ich über den Status des Wissens sage, nicht zustimmen, ohne daraus Konsequenzen mit Blick auf die bestehenden Institutionen zu ziehen.

Jede Reflexion über das Denken führt früher oder später zwangsläufig zu einer Untersuchung des Raumes. Eine der

Fragen, die sich jedem wissenschaftlich oder kulturell tätigen Menschen stellen, lautet, wie er sich orientieren soll, wer seine Gesprächspartner oder Adressaten sind, für wen und wie er schreibt, wem er nah steht und wem fern, wie sich Näheverhältnisse und Distanzen ergeben.

Dieses Verhältnis zum intellektuellen und öffentlichen Raum und zu den anderen wird natürlich nie abstrakt und bewusst festgelegt. Es stellt sich allmählich ein. Vor allem aber existieren Formen, die sich uns aufzwingen und vorab bestimmen, wie wir unser Leben führen und was wir ausprobieren.

Pierre Bourdieu hat mittels des Konzepts des Feldes gezeigt, inwiefern die Frage von Zugehörigkeitsräumen und Gesprächskonstellationen wesentlich war, um die Herausbildung eines Denkens oder einer symbolischen Praxis zu verstehen. Denken und Raum stehen in einer Beziehung zueinander, und daraus folgt: *Wenn wir ein oppositionelles Denken hervorbringen wollen, müssen wir oppositionelle Räume schaffen.*

Während einige Analysen, die ich in diesem Buch vorgestellt habe, sich mutatis mutandis auch auf die Kunst oder Literatur beziehen lassen, führt uns die Reflexion über das Verhältnis von Intellektuellen zum wissenschaftlichen, öffentlichen und politischen Raum zu einer Problematik, die eher spezifisch für die Theorie zu sein scheint.

Natürlich sind auf allen Feldern (künstlerischen, literarischen oder wissenschaftlichen) unterschiedliche eingebürgerte Lebensmodelle (für Künstler, Schriftsteller oder

beit.« Bourdieu zufolge unterliegt das Leben des Wissenschaftlers einer bestimmten räumlichen und zeitlichen Organisation, denn bevor er sich an die Öffentlichkeit wendet, muss er sich an seine natürlichen Gesprächspartner wenden – an die anderen auf seinem Gebiet tätigen Forscher: »Es ist ein absolutes Muss, eine Entdeckung *zuerst* der Kritik der Kollegen auszusetzen, aber warum sollte man ihnen allein *kollektiv erworbenes und überprüftes* Wissen vorbehalten?«[43]

Ein neueres Plädoyer für diese Auffassung stammt aus der Feder des amerikanischen Soziologen Michael Burawoy. Als »öffentliche Soziologie« definiert er eine Praxis, die auf die Mobilisierung akademischen – und akademisch überprüften – Wissens im gesellschaftlichen Raum zielt. Das Verhältnis des »Soziologen« zur Öffentlichkeit vollzieht sich als eine Intervention: Der Soziologe nutzt das im »Raum der akademischen Soziologie« entstandene Wissen, um im Austausch mit sozialen Bewegungen, Verbänden usw. über die Funktionsweise der Gesellschaft, die Zwecke unterschiedlicher Institutionen und die etwaige Notwendigkeit von Veränderungen nachzudenken.

Für Burawoy stehen die öffentliche und die akademische Soziologie nicht in einem widersprüchlichen oder gar unversöhnlichen Verhältnis zueinander. Ohne die akademische Soziologie kann es ihm zufolge eine öffentliche gar nicht geben. Sie ist es, die die konzeptuellen Strukturen, die Methoden und die Kenntnisse bereitstellt, welche in einen Dialog mit der außerakademischen Öffentlichkeit eingebracht werden.[44] Die akademische Praxis erzeugt Wissen; im Anschluss daran hat die »öffentliche Soziologie« dafür zu sorgen, dass dieses Wissen nicht ungenutzt bleibt, sondern im gesellschaftlichen und politischen Raum verbreitet wird. Wie deutlich wird, setzt diese normative Vorstellung voraus, dass die Praxis der »Wissensproduktion« von der politischen Praxis vollständig getrennt ist, ganz so, als würden politische Anliegen nicht die Regeln und Formen der Wissensproduktion verändern, sondern erst in einem zweiten Schritt hinzukommen, wenn sie dieses Wissen nutzen.

Die zwei Bedeutungen des Worts »Disziplin«

Bevor ich fortfahre, oder vielleicht als Vorspann zu der zu führenden Debatte, möchte ich zur Vermeidung jedes Missverständnisses etwas präzisieren. Es scheint mir wichtig, zwei Bedeutungen des Worts »Disziplin« zu unterscheiden, die häufig vermengt werden.

Zunächst kann es sich auf eine erkenntnistheoretische Realität beziehen, auf eine bestimmte Weise, die Welt zu denken. So verstanden bezeichnet das Wort eine wichtige und unbestreitbare Tatsache: Es gibt soziologische, historische oder ökonomische Denkweisen, und sie unterscheiden sich voneinander.

Über diese erste Dimension legt sich jedoch eine andere,

institutionelle Bedeutung: Diejenigen, die eine erkenntnistheoretische Denkweise teilen, sollen gemeinsam einen Raum des Austauschs und der Diskussion bilden, sodass sich das Leben des Forschers innerhalb der homogenen Gemeinschaft seiner Disziplin abspielt: der Gemeinschaft der Soziologen, der Gemeinschaft der Ökonomen, der Historiker usw. Es ist diese zweite Dimension – die in keiner ersichtlichen und direkten Beziehung zur ersten steht –, die mir problematisch scheint.

Schon heute sollte es selbstverständlich sein, dass jemand, der sich als »Soziologe« oder Vertreter einer »soziologischen Denkweise« begreift, zu Autoren anderer, etwa historischer, ökonomischer oder juristischer Denkweisen in Beziehung tritt und mit ihnen diskutiert, sodass sein Raum des Denkens und der Diskussion aus Individuen besteht, die anderen Disziplinen (im erkenntnistheoretischen Sinn) als seiner angehören. An einem so verstandenen Begriff der Disziplin festzuhalten, bedeutet nicht, dass man die mit ihm im institutionellen Sinn verbundenen Formen ratifiziert, sondern eher, dass man sich von ihnen entfernt, sie überwindet und auflöst.

Wenn man einmal darüber nachdenkt, ist die Idee der akademischen Disziplin als Gemeinschaft im Grunde höchst eigenartig: Weil bestimmte Menschen dieselbe Prüfung absolviert und dasselbe Diplom erhalten haben wie wir – Prozeduren, deren willkürlicher, ungerechter und irrationaler Charakter allgemein bekannt ist –, sollen sie unseren geistigen Horizont bilden, sollen wir mit ihnen zusammenarbeiten und diskutieren, so als wären wir eine Art Gemeinschaft, die etwas teilt und sich etwas zu sagen hat.

Doch nur weil jemand diesen oder jenen Abschluss gemacht hat und der Staat ihn als »Soziologen« oder »Philosophen« anerkennt, heißt das nicht, dass ich ihm etwas zu sagen habe, ihm gegenüber zu irgendetwas verpflichtet bin oder ihn als Teil desselben Raums betrachten muss, in dem ich mich befinde. Der Gedanke der Disziplin als Gemeinschaft ist vor allem ein entpolitisierender Gedanke, der die Möglichkeit einer autonomen wissenschaftlichen Diskussion unterstellt.[45]

Die Selbstidentifikation als Autor, der fest in eine Disziplin integriert ist, beruht auf einem Akt der blinden Unterwerfung unter ungerechtfertigte Ansprüche. Wer sich in die Kreisläufe einer Disziplin eingliedert, legt der rationalen Betätigung paradoxerweise einen traditionalistischen, von unterwürfigem Konformismus zeugenden Akt zugrunde – eine irrationale Haltung des blinden Einverständnisses mit etwas Falschem, das gleichwohl als gültig anerkannt wird, weil die Institution es verlangt.

Der Aufbau oppositioneller Felder

Die Wissenschaft mit der Welt zu konfrontieren führt dazu, die Beziehungen zum intellektuellen und politischen Raum anders zu gestalten. Wenn wir über die wissenschaftliche Produktion nachdenken und dabei die ethische Problematik und die Notwendigkeit berücksichtigen, sich mit allen Mitteln der Reproduktion der bestehenden Systeme zu widersetzen, dann drängt sich uns ein Verhältnis auf, das eine Distanzierung vom institutionellen Modell des Lebens als Forscher erfordert. Denn wenn ich schreibe, wenn ich Analysen erstelle, dann sind es nicht unbedingt andere Soziologen und Philosophen, denen ich nahestehe. Sie sind nicht unbedingt meine Adressaten; zwar betätigen sich natürlich viele von ihnen auf demselben Gebiet, aber es gilt nun ein anderes Kriterium der Zusammengehörigkeit.

In jeder Disziplin im institutionellen Sinn des Wortes gibt es Menschen, deren Arbeit im Dienst der Reproduktion der Machtsysteme steht, und andere, die dieses System zu destabilisieren versuchen. Folglich stellen sich mir viele Forscher, mit denen ich laut dem Staat, den Institutionen und dem Diskurs der Disziplin eine Gemeinschaft bilden müsste, in Wirklichkeit als Feinde dar: Mit ihnen diskutiere ich nicht, ich bekämpfe sie vielmehr.

Die Frage der Gesprächspartner, der Adressaten, ist keine institutionelle, sondern eine politische Frage. Wenn man jemanden betrachtet, sollte man sich nicht fragen: Gehört er »meiner« Disziplin an? Sondern: Gehört er demselben ethischen Projekt an wie ich? Welcher Sache dient er? Was produziert er objektiv gesehen? Ist er einer von denen, deren Wirken zur Aufrechterhaltung des Systems beiträgt, oder gehört er zu denen, die es anfechten und in die Krise treiben, ganz unabhängig von dem Gebiet, über das sie schreiben?

Wer mit uns durch Zufall die Zugehörigkeit zu einer bestimmten Disziplin im rein institutionellen Sinn des Wortes teilt (denn natürlich kann man Soziologie, Geschichte oder Wirtschaftswissenschaft auf zahllose Weisen praktizieren), muss nicht zwangsläufig unser Gesprächspartner sein. Umgekehrt können Journalisten, Aktivisten, Schriftsteller, Künstler, Mathematiker, Rechtsanwälte usw., die sich in derselben ethischen Aufgabe wie ich wiedererkennen, durchaus Teil des Raums sein, dem ich angehöre und in dem ich diskutiere.

Wenn Monique Wittig von der Schockwirkung spricht, die die Lektüre von Lévi-Strauss' Texten über den »Frauentausch« – in denen Frauen als sprechende Zeichen und Objekte auftreten – auf sie hatte, und dies zum Ausgangspunkt einer Kritik des Strukturalismus macht, wenn Aimé Césaire in seinem Text *Über den Kolonialismus* Abscheu über die Theorien von Historikern, Soziologen und Psychologen ausdrückt und ihre falsche Objektivität, ihren Chauvinismus und heimtückischen Rassismus, ihren Blick auf »primitive« Gemeinschaften und ihr Beharren auf dem eigentümlichen Charakter von Nichtweißen attackiert, dann sind das Stellungnahmen und Analysen, die für jeden Theoretiker und jeden Praktiker, der in einer schlechten Welt einer praktischen Ethik zum Leben verhelfen will, selbstverständlich in den eigenen Raum des Denkens und der Diskussion gehören. Die Vorstellung, dass sich die Diskussion innerhalb einer Gemeinschaft professioneller Vertreter einer bestimmten Disziplin abzuspielen habe, hätte dagegen zur

Folge, die Beiträge von Wittig und Césaire als »profan« zu delegitimieren und aus dem Raum der Diskussion auszugrenzen – man würde ihre Worte für nichtexistent erklären und viele Forscher taub für sie machen.

Schreiben, um etwas zu erreichen, um Waffen bereitzustellen, und Denken, um oppositionell zu sein, führt so zu der Erfahrung, dass sich der Raum der eigenen Zugehörigkeit und Diskussion – das eigene Feld – durch das Ensemble von Individuen definiert, die in ihrem jeweiligen Bereich (Wissenschaft, Kunst, Kultur, Politik) ebenfalls auf die Infragestellung des Systems zielen: Sie sind diejenigen, mit denen man gemeinsam kämpft, mit denen man diskutiert, mit denen man in Debatten gegen jene antritt, die wiederum in ihrem jeweiligen Bereich an der Aufrechterhaltung – oder sogar Stärkung – der Machtsysteme arbeiten. Die Herausbildung einer emanzipatorischen Wissenschaft geht damit einher, dass man sich oppositionellen Gemeinschaften anschließt, deren Form, Logik und Zeitordnung im Widerspruch zu den auf Disziplinen beruhenden Gemeinschaften stehen.

Öffentlichkeit und Politik

Die Neugestaltung unserer Diskussionsräume, unserer Wahrnehmung von Nähe und Distanz kann sich natürlich nicht auf den Raum von Wissen und Kultur, also auf den

Raum der Produzenten symbolischer Güter beschränken. Die Frage nach der Form der Räume für Gespräch und Diskussion ist offenkundig sehr wichtig. Aber eine spezifische und eigenständige ist sie gleichwohl nicht. Wenn es stimmt, dass eine intellektuelle Ethik dazu führt, all diejenigen als Teil unserer Räume des Gesprächs und der Zugehörigkeit zu bestimmen, die sich die Infragestellung der Welt zur Aufgabe gemacht haben, dann beschränkt sich diese Art des Einschlusses in der Praxis nicht auf intellektuelle und kulturelle Produzenten. Sie gilt gleichermaßen und unmittelbar auch für Akteure, die in der Öffentlichkeit eine oppositionelle Praxis entfalten. Aus demselben Grund, der eine Emanzipation von der Form Disziplin erfordert, mündet die ethische Hinterfragung in die Formulierung eines inklusiven Verhältnisses von Intellektuellen zu Politik und Öffentlichkeit.

Wenn wir in unsere Vorhaben einen ethischen Blickwinkel einführen, gelangen wir dazu, ein unmittelbares Verhältnis zu den Kämpfen einzunehmen. Im Gegensatz zum Modell der akademischen Disziplin plant die Produktion oppositionellen Wissens nicht in zwei Zeiten. Es findet nicht zunächst eine »interne«, der jeweiligen Disziplin vorbehaltene Diskussion statt und dann in einem zweiten Schritt eine Begegnung mit der »Außenwelt«. Es werden nicht zuerst Werke ausgearbeitet, um sie danach in die Öffentlichkeit einzubringen oder mit dieser in einen Dialog zu treten. Die Öffentlichkeit ist stets gegenwärtig, sie ist immer schon da: Im Kontakt mit ihr wird das Wissen erarbeitet.

Und dieses Wissen richtet sich auch (nicht nur, aber auch) an sie, und zwar unmittelbar. Die theoretische Betätigung findet in einem heterogenen geistigen Raum statt, dem Aktivisten, Künstler, Schriftsteller, Autoren mit unterschiedlichsten Horizonten angehören. Anders formuliert: *Die Auseinandersetzung mit der »Außenwelt« ist eine bestimmte Art und Weise, sich auf die »Öffentlichkeit« zu beziehen, bevor das Denken und die Praxis des Wissens sich herausbilden.*

Michel Foucault hat diese ontologische Verbindung zwischen einem ethischen Vorgehen und oppositionellen Praxen in mehreren Interviews sehr klar formuliert. So erklärte der Autor von *Überwachen und Strafen*, er kümmere sich »in keiner Weise um den universitären Status dessen«[46], was er tue, und sein Problem bestehe »nicht darin, die professionellen Historiker zu befriedigen«.[47] Warum? Weil es sein Ziel war, Wirkungen zu produzieren: Für Foucault lag »das Wesentliche nicht in der Serie solcher wahren oder historisch verifizierbaren Feststellungen, sondern eher in der Erfahrung, die das Buch zu machen gestattet«.[48] Deshalb meinte er auch 1974 über das gerade in der Niederschrift befindliche Buch über die Disziplinarsysteme, er wünschte, dieses könne »einem Erzieher, einem Wärter, einem Richter, einem Kriegsdienstverweigerer dienlich sein«.[49] Ebenso erklärte Foucault, er schreibe nicht, um zu sagen: »Seht, die Dinge stehen so und so«. Er zielte niemals einfach auf ein Wissen um des Wissens willen; vielmehr schrieb er, »weil ich meine, dass das, was ich sage, geeignet ist, die Dinge zu ändern. Ich sage alles, was ich sage, damit es nützt.«[50]

Unterschiede gestalten

Sobald man im Namen eines oppositionellen Wissens mit dem Gedanken des Wissens als Selbstzweck bricht, bildet sich das Denken auf einer Ebene heraus, die direkt mit Politik, kämpfenden Akteuren und gesellschaftlichen Mobilisierungen verbunden ist. Und sehr schnell stellt sich dann unter anderem die Frage, wie man sein Verhältnis zur sozialen Opposition bestimmen soll: Wie lässt sich der Zusammenhang zwischen der Praxis des Wissens und den Kämpfen denken?

Eines ist aus dieser Perspektive unbedingt zu unterstreichen: Die Feststellung, dass wir uns dem Projekt des Schreibens widmen müssen, um etwas zu erreichen, um Werkzeuge oder Waffen bereitzustellen, bedeutet anders als man meinen könnte mitnichten, für eine Art Auflösung des Intellektuellen in sozialen Bewegungen zu plädieren oder den Unterschied zwischen Wissen und spontanen Meinungen zu leugnen.

Zu oft stößt man in Strömungen, die für eine engere Verbindung der Intellektuellen mit der Politik plädieren, auf eine bestimmte Kritik der Figur des Intellektuellen, die den Eindruck erweckt, der Wunsch nach einer Rückbindung wissenschaftlicher Praxis an Kämpfe müsse zwangsläufig mit einer Gleichsetzung von oppositionellem und spontanem Wissen einhergehen.

Im Gegensatz zu solchen Vorstellungen scheint mir eine gute wissenschaftliche Ethik auch zu erfordern, *gemeinsam* dafür Sorge zu tragen, dass der Raum der Zugehörigkeit und Diskussion von Autoren auf die Gegenöffentlichkeit ausgedehnt wird, und dabei festzuhalten, dass ein solcher Bezug der Praxis des Wissens auf das Feld der Kämpfe nicht zum Ziel hat, uns als Intellektuelle aufzulösen, sondern im Gegenteil, *uns als solche hervorzubringen.*

Wenn der Intellektuelle oder der Forscher für die Öffentlichkeit schreiben soll, dann genau deshalb, weil er ihr etwas zu sagen hat, etwas, das sie ohne ihn nicht wüsste. In einem Text über die Idee der Generalstände und die Partizipation der von sozialen Bewegungen Ausgeschlossenen führt Didier Eribon den Begriff der »fehlenden Stimme« als Paradigma für das Verhältnis von Intellektuellen und sozialen Bewegungen ein.[51] Sich an soziale Bewegungen, an kämpfende Menschen zu richten, bedeutet nicht, sich in ihren Dienst zu stellen oder zu wiederholen, was sie bereits sagen. Es bedeutet im Gegenteil, immer nach dem zu suchen, was der Bewegung fehlt, was nicht da ist – die Fragen, die nicht gestellt, die Menschen, die aus ihr ausgeschlossen und nicht gesehen werden usw.

Die Positionierung als ein Autor, der Teil einer sozialen Bewegung ist, ihr zuhört, mit ihr spricht und Wissen produzieren will, *heißt daher nicht, den Abstand zwischen dem Wissenschaftler und den Aktivisten zu bestreiten, sondern ihn vielmehr zu gestalten.* Es ist genau dieser Unterschied – die Fähigkeit, Dinge zu sehen, an die man spontan nicht denkt –, der es ermöglicht, Wissen hervorzubringen, neue Angriffslinien zu entwerfen und so den Konflikt zu radikalisieren. Wenn wir den Gedanken der akademischen Disziplin als Gemeinschaft aufgeben und uns zu ethischen Räumen des Gesprächs bekennen, geben wir keineswegs Forschung und Wissenschaft auf, sondern bekräftigen sie, denn sie sprechen wir ja an – wer andere anspricht, muss auch etwas ansprechen wollen. Um miteinander zu sprechen, muss man etwas zu sagen haben.[52]

Als zusätzlichen Beweis für eine Art Logik und innere Stimmigkeit der Ethik finden wir aufschlussreiche Analysen dieser Situation abermals bei Horkheimer. Da sich die »kritische« Theorie (so Horkheimers Bezeichnung – meine Vorbehalte dagegen habe ich bereits erläutert) nicht als Selbstzweck sieht, gelangt sie zu einem Selbstverständnis »als Moment einer auf neue gesellschaftliche Formen abzielenden *Praxis*«. Ein »kritischer« Theoretiker zu sein und sich als solcher zu definieren hat zur Folge, dass man in ein unmittelbares Verhältnis zu kämpfenden Akteuren tritt: Der Theoretiker muss sich selbst und die beherrschte Klasse »als dynamische Einheit« begreifen.[53]

Das Wort »Einheit« ist wichtig, weil es gut zum Ausdruck bringt, wie sich die kritische Theorie in einem Milieu entfaltet, zu dem das Proletariat gehört. Noch bedeutender aber ist das Wort »dynamisch«. Die Einheit ist in dem Sinne eine dynamische, dass es sich hier nicht um eine Verschmelzung oder Identität handelt, sondern um eine *Einheit in der Differenz*. Der Theoretiker muss mit dem Proletariat eine Gemeinschaft der wechselseitigen Beeinflussung bilden, bei der er nicht davor zurückschreckt, ihm die Wahrheit zu sagen, selbst wenn dies bedeutet, es infrage zu stellen. Das Denken befindet sich mit der gesellschaftlichen Bewegung und der historischen Situation, in der sie sich entwickelt, in einem Verhältnis nicht etwa der Entsprechung oder des Ausdrucks, sondern der Stimulierung und Veränderung. Durch die Herstellung dieser Gemeinschaft einer wechselseitigen Beeinflussung kann sich das revolutionäre Bewusstsein entwickeln, mit seinen »befreienden« und seinen »antreibenden«, »aggressiven« Kräften.[54]

Aus diesem Grund greift Horkheimer die Haltung jener Intellektuellen an, die bloß die »Schöpferkraft« des Proletariats preisen, sich ihm anpassen und sein kritisches Bewusstsein verklären. Eine solche Haltung bezeichnet er als ein »Ausweichen vor theoretischer Anstrengung«, mit dem dem Proletariat nicht geholfen ist: Es macht die »Massen in Wirklichkeit blinder und schwächer [...], als sie sein müssen«.[55]

Der entscheidende Gedanke in Horkheimers Argumentation lautet, dass sich das Bewusstsein des Proletariats innerhalb der bestehenden Ordnung gebildet hat und bildet. Es stellt somit ein Produkt des Systems dar, selbst dort, wo es eine Kritik an diesem zum Ausdruck bringt. Die Infragestellung des Systems setzt daher voraus, mit den ihm verhafteten Formen von Kritik zu brechen, die das Bewusstsein des Proletariats prägen, um dessen objektive, ihm selbst nicht bewusste Interessen zur Geltung zu bringen. Darin besteht die Rolle des Theoretikers: »Eine Haltung, welche seine wahren Interessen [die des Proletariats] und damit auch die der Gesellschaft im ganzen nicht auch ihm selbst entgegenzusetzen imstande wäre, sondern ihre Richtschnur von Gedanken und Stimmungen der Massen bezöge, geriete selbst in sklavische Abhängigkeit vom Bestehenden.«[56]

Aus diesem Grund befestigen alle Diskurse, die mit Freude das Verschwinden der Figur des Intellektuellen verzeichnen, die Fundamente des Konservatismus.[57]

Traurigkeit

Jeder Theoretiker, der ein ethisches intellektuelles Leben führen will, wird dazu getrieben, zu den etablierten und vorgeprägten Formen des akademischen Lebens auf Abstand zu gehen. Diese Distanzierung führt dazu, dass sich das oppositionelle Denken in einer relativen Autonomie gegenüber den institutionellen Dispositiven entfaltet.

Gewiss: An sich ist diese Situation nicht schlimm und hat keine große Bedeutung. Aber sie verweist auf eine bestimmte Fragilität und Angreifbarkeit oppositioneller Diskurse und ihrer Träger. Sie werden von den Institutionen nicht ausreichend unterstützt und aufgenommen, sondern eher bekämpft oder an den Rand gedrängt. Wenn die Gesellschaft noch immer so schlecht ist, dann zweifellos auch aufgrund dieser schwachen institutionellen Integration dysfunktionaler Praxen in einer Welt, in der Zeichen der akademischen Anerkennung eine nicht zu vernachlässigende Rolle für die öffentliche Verbreitung von Diskursen spielen.

In jedem Fall zeigt diese Situation an, dass das oppositionelle Denken nicht auf eine schlechterdings gegebene Unterstützung zählen kann, um seine Wirkung zu entfalten. Weil es sich in anderen Formen vollzieht als den von den etablierten Systemen geförderten, muss es eigene Bündnisse schmieden, die seine Zirkulation, Verwendung und öffentliche Wahrnehmbarkeit ermöglichen. Es muss nicht nur sich selbst, sondern auch Instrumente für seine Verbreitung erfinden und sich eigene Plattformen verschaffen.

Das Problem besteht darin, dass diese Unterstützung, so wesentlich sie ist, nicht von den Autoren selbst – oder zumindest nicht nur von ihnen – geleistet werden kann: Ihre Form, ihre Nutzung und ihr Erfolg hängen zu großen Teilen von anderen ab, von Aktivisten, Journalisten, Schriftstellern, der Öffentlichkeit und anderen Autoren. Daraus erwächst Vorhaben, die sich auf die denkbar rationalsten, von ihnen vollständig kontrollierten Grundlagen zu stützen versuchen, an zentraler Stelle ein Moment der Abhängigkeit, des Unkontrollierbaren und Zufälligen. Und das ist fraglos der Grund, weshalb das ethische Projekt, auch wenn es sich als utopisch und auf die Zukunft gerichtet begreift, stets durchzogen bleibt von einer fundamentalen Beziehung zur Melancholie, zur Angst und Beunruhigung – und so vielleicht auch zur Freiheit.

Anmerkungen

1 Judith Butler, »Kann man ein gutes Leben im schlechten führen?«, in: *Blätter für deutsche und internationale Politik* 10/2012, S. 97–108.

2 Max Horkheimer, »Traditionelle und kritische Theorie«, in: *Gesammelte Schriften*, Bd. 4, Frankfurt/M. 1988, S. 162–225, hier S. 182, meine Hervorhebung.

3 Ebd., S. 190.

4 Ebd., S. 216, meine Hervorhebung.

5 Ebd., S. 170.

6 Ebd., S. 190, 170.

7 Theodor W. Adorno, »Einleitung zum ›Positivismusstreit in der deutschen Soziologie‹«, in: ders., *Gesammelte Schriften*, Bd. 8, Frankfurt/M. 2003, S. 280–353, hier S. 307, 299.

8 Ebd., S. 299.

9 Horkheimer, »Traditionelle und kritische Theorie«, S. 219.

10 Ronan de Calan, *La littérature pure. Histoire d'un déclassement*, Paris 2017.

11 Édouard Louis, »Mon livre a été écrit pour rendre justice aux dominés«, Interview in: *Ballast* vom 22. Januar 2015.

12 Zur Möglichkeit einer politischen Beurteilung von Werken und dem Einsatz einer solchen Praxis kann auf die Analyse verwiesen werden, die Dominic Thomas und Alain Mabanckou zu den Debatten über die Installation »Exhibit B« vorgelegt haben: »Crispations. La question noire ou le débat autour d'Exhibit B«, in: Nicolas Bancel/Pascal

Blanchard/Dominic Thomas (Hg.), *Vers la guerre des identités?*, Paris 2016.

13 Pierre Bergounioux, »La pensée est négation«, in: ders., *Exister par deux fois*, Paris 2014, S. 131 f.

14 Pierre Bourdieu, »Leçon sur la leçon«, in: ders., *Sozialer Raum und »Klassen«. Leçon sur la leçon. Zwei Vorlesungen*, übers. v. Bernd Schwibs, Frankfurt/M. 1985, S. 47–81, hier: S. 62.

15 Horkheimer, »Traditionelle und kritische Theorie«, S. 180.

16 Ebd.

17 Ebd., S. 216.

18 Michel Foucault, *In Verteidigung der Gesellschaft. Vorlesungen am Collège de France (1975–76)*, übers. v. Michaela Ott, Frankfurt/M. 1999, S. 11.

19 Peter Sloterdijk, »Doktor Wenn und Doktor Aber. Die Figur des Hochstaplers gehört ins Zentrum der modernen Kultur«, in: *Der Spiegel* 49/2011, S. 124–128, hier S. 126; im Internet verfügbar unter {www.spiegel.de/spiegel/print/d-82612703.html} (zuletzt abgerufen am 12.9.2017).

20 Adorno, »Einleitung zum ›Positivismusstreit in der deutschen Soziologie‹«, S. 298.

21 Ebd., S. 306.

22 Ebd., S. 304.

23 Ebd., S. 309.

24 Ebd., S. 306.

25 Ebd., S 306–309.

26 Pierre Bourdieu/Jean-Claude Passeron, *Die Erben. Studenten, Bildung und Kultur*, übers. v. Stephan Egger u. Eva Kessler, Konstanz 2007, S. 100, meine Hervorhebungen.

27 Geoffroy de Lagasnerie, *Logique de la création. Sur l'Université, la vie intellectuelle et les conditions de l'innovation*, Paris 2011.

28 Geoffroy de Lagasnerie, *Verurteilen. Der strafende Staat und die Soziologie*, übers. v. Jürgen Schröder, Berlin 2017.

29 Gilles Deleuze/Félix Guattari, *Was ist Philosophie?*, übers. v. Bernd Schwibs u. Joseph Vogel, Frankfurt/M. 1996, S. 6, 5.

30 Didier Eribon, *Principes d'une pensée critique*, Paris 2016.

31 Joan Scott, »History-writing as critique«, in: Keith Jenkins/Sue Morgan/Alun Munslow (Hg.), *Manifestos for History*, London/New York 2007, S. 19–38.

32 Michel Foucault, *Überwachen und Strafen. Die Geburt des Gefängnisses*, übers. v. Walter Seitter, Frankfurt/M. 1977, S. 340.

33 Ebd., S. 341–343, S. 348 f.

34 Ebd., S. 349.

35 Ebd., S. 351.

36 Adorno, »Einleitung zum ›Positivismusstreit in der deutschen Soziologie‹«, S. 291.

37 Horkheimer, »Traditionelle und kritische Theorie«, S. 180.

38 Ebd.

39 Wer wie Luc Boltanski in *De la critique. Précis de sociologie de l'émancipation*, Paris 2009, behauptet, »die kritische Tradition zu erneuern«, gleichzeitig aber die auf die Soziologie der Kritik zurückgehende Infragestellung der Konzepte des Determinismus, des erkenntnistheoretischen Bruchs und des Wissensvorsprungs des Forschers gegenüber seinen Forschungsobjekten fortschreibt, folgt einem mystifizierenden und unredlichen Ansatz. Der Verzicht auf diese drei Konzepte bedeutet schlicht einen Verzicht auf eine oppositionelle Position. Boltanski versichert in besagtem Buch allenthalben, die Akteure würden spontan »Kritik« produzieren, da sie offiziell oder halboffiziell Positionen ausdrücken, die sich gegen die Institutionen oder die von ihnen selbst erfahrenen Realitäten wenden. Damit vergisst er jedoch, was in Foucaults Analysen des Gefängnisses und der Kritik an diesem oder auch in denen von Eribon über die Sexualität und die Kritik sexueller Normen deutlich wird: Ein System bringt Formen von Kritik hervor, die in seinem Rahmen verbleiben und so zu seiner Aufrechterhaltung beitragen. In einem System als Subjekt produziert zu werden bedeutet, als ein sprechendes Subjekt produziert zu werden, als eines, das dazu prädisponiert ist, Kritik und Gefühle von Wut und Empörung in bestimmten Kategorien auszudrücken. Da per definitionem immanent, sind solche Aussagen jedoch funktional für das System. Deshalb lässt sich nur durch einen erkenntnistheoretischen Bruch mit dieser spontanen Erfahrung und

diesen etablierten diskursiven Formen die unbewusste Totalität rekonstruieren, die uns gefangen hält und in der kritische Aussagen Hand in Hand mit den Institutionen funktionieren – und dieses Projekt führt notwendig dazu, ein oppositionelles und überlegenes Wissen zu produzieren und unbewusste Determinismen freizulegen.

40 Man kann Édouard Louis' Roman *Im Herzen der Gewalt* (übers. v. Hinrich Schmidt-Henkel, Frankfurt/M. 2017) als Rekonstruktion der spezifischen Totalität lesen, die die Entfaltung der darin geschilderten Interaktionen bestimmt.

41 Es versteht sich von selbst, dass ich hier weder »Fachgebiet« und »Theorie« noch »Spezialisierung« und »Verallgemeinerung« gegenüberstelle. Solche Gegensatzpaare sind steril und regressiv. Es gibt keine Theorien, die nicht über etwas Reales sprechen würden, und keine Untersuchung eines realen Gegenstands existiert unabhängig von bestimmten Regeln der Untersuchung. Das Denken in Strukturen bedeutet nicht, dass man es ablehnt, spezifische Realitäten zu denken. Es heißt im Gegenteil, dass man sich die erforderlichen Mittel verschafft, um zu begreifen, dass diese ganz besonderen Realitäten objektiv sind, auch und gerade in ihren geringfügigsten Erscheinungsformen. Foucault musste das Disziplinarsystem als ein Ganzes rekonstruieren, um diesen und jenen Zeitplan in jener Schule zu verstehen; Bourdieu hat das System der Kapitale, der Geschmäcker und Abneigungen rekonstruiert, um zu verstehen, was sich bei den alltäglichsten, scheinbar unbedeutenden Essensgewohnheiten abspielt. Meinerseits bin ich nur durch eine Rekonstruktion des Systems des Verurteilens, der Haftbarmachung etc. zu der Erkenntnis gelangt, welche Bedeutung ein bestimmtes psychiatrisches Gutachten in einem konkreten Gerichtsprozess spielt.

42 Georges Dumézil, *Jupiter, Mars, Quirinus*, Paris 1948, S. 28–32.

43 Pierre Bourdieu, »Wissenschaftler und soziale Bewegung«, in: ders., *Interventionen 1961–2001. Sozialwissenschaft und politisches Handeln*, Bd. 3/4, übers. v. Franz Hector u. a., Hamburg 2004, S. 265 (Übersetzung korrigiert). Meine Hervorhebungen.

44 Michael Burawoy, »Pour la sociologie publique«, in: *Actes de la re-*

cherche en sciences sociales 1/2009, S. 121–144; ders., »Sociology as a Vocation«, in: *Contemporary Sociology* 4/2016, S. 379–393. Vgl. dazu meinen Text »La sociologie publique, une ruse de la raison academique« unter {https://geoffroydelagasnerie.com/2011/11/30/la-sociologie-publique-une-ruse-de-la-raison-academique-contre-michael-burawoy} (zuletzt abgerufen am 10.10.2017).

45 In Frankreich hat die Auseinandersetzung um die Gründung einer Sektion für heterodoxe Wirtschaftswissenschaftler im Nationalen Universitätsrat (Conseil national des universités) gezeigt, wie die Einführung politischer Kritik in die Wissenschaften den Gedanken einer auf der akademischen Disziplin beruhenden Gemeinschaft zum Einsturz bringt.

46 Michel Foucault interviewt von Stephen Riggins, in: ders., *Dits et Ecrits. Schriften*, Bd. 4, übers. v. Michael Bischoff u. a., Frankfurt/M. 2005, S. 641–657, hier S. 654.

47 Michel Foucault, Gespräch mit Ducio Trombadori, in: ders., *Dits et Ecrits*, Bd. 4, S. 51–119, hier S. 55.

48 Ebd., S. 57.

49 Michel Foucault, »Gefängnisse und Anstalten im Mechanismus der Macht«, in: ders., *Dits et Ecrits*, Bd. 2, übers. v. Reiner Ansén u. a., Frankfurt/M. 2002, S. 648–653, hier S. 651.

50 Michel Foucault interviewt von Stephen Riggins, S. 116.

51 Didier Eribon, »La voix absente«, in: ders., *Principes d'une pensée critique*.

52 Hier ist es wichtig hinzuzufügen, dass Interventionen an Voraussetzungen gebunden sind: Es ist umso leichter, in der Öffentlichkeit eigenständige Positionen zu vertreten, je mehr man seine Anwesenheit und seinen Diskurs im öffentlichen und medialen Raum zur Geltung bringen kann, also besonders dann, wenn man ein Autor ist, der als solcher Anerkennung findet und über ein Werk verfügt. Institutionelle Praktiken, die die Figur des Autors im Namen einer (rein institutioneller Natur seienden und in keinerlei Beziehung zu Erfordernissen von Wissen und Wissenschaft stehenden) Norm der »gemeinschaftlichen und spezialisierten Forschung« tendenziell zum Verschwinden bringen, tragen daher faktisch dazu bei, die Mög-

lichkeit einer öffentlichen Verbreitung radikaler Diskurse zu untergraben.

53 Horkheimer, »Traditionelle und kritische Theorie«, S. 189 f.

54 Ebd., S. 189.

55 Ebd., S. 188.

56 Ebd.

57 In dieser Hinsicht fällt an den Vorstellungen, die im akademischen Feld kursieren, eine Paradoxie ins Auge. Es ist sehr frappierend, dass man heute auf eine durchaus irrationale Ablehnung der – aus meiner Sicht überaus wichtigen – Konzeptionen des erkenntnistheoretischen Bruchs und des Wissens- und Kompetenzvorsprungs des Forschers gegenüber den von ihm studierten Individuen stößt. Viele Strömungen und Forscher im akademischen Feld weisen diese Auffassung zurück und bekämpfen die vom strukturalen Denken und vom Determinismus erzielten Einsichten im Namen einer Wertschätzung des kritischen oder reflexiven Vermögens der sozialen Akteure. Es wäre übrigens eine eingehendere Untersuchung wert, wie sich ein Feld, das sich doch als wissenschaftlich definiert, um Werte herum konstituieren kann, die der Figur des Wissenschaftlers und der Idee der Wissenschaft schroff entgegengesetzt sind. Paradoxerweise sind es jedoch häufig dieselben Forscher, die die Besonderheit des Wissenschaftlers bestreiten, die zugleich der Tendenz zur Akademisierung von Disziplinen ausgesprochen positiv gegenüberstehen und sogar für deren »Professionalisierung« eintreten: Ihre Grenzen und Kontrollmechanismen sollen verstärkt werden und Evaluationskriterien wie die *Peer Review* und Veröffentlichungen in entsprechenden Zeitschriften mehr Gewicht für die wissenschaftliche Karriere bekommen, zulasten anderer, als exoterisch betrachteter Publikationsformen – etwa des Buches. Es ist höchst paradox, wie dergestalt in institutioneller Hinsicht eine Politik der Hierarchisierung betrieben wird, während man in erkenntnistheoretischer Hinsicht jede Hierarchie zwischen unterschiedlichen evaluativen und kognitiven Fähigkeiten bestreitet. Denn wenn jeder ein Forscher ist oder über dieselben Kompetenzen verfügt wie ein Soziologe, Historiker oder Philosoph, fragt man sich, wozu es eigentlich die professionellen Ge-

meinschaften akademischer Disziplinen braucht, die Wissen produzieren (schließlich wissen doch schon alle alles), geschlossene Kreisläufe der Evaluation bilden und nicht zuletzt dafür bezahlt werden. Die von mir vertretene Konzeption könnte man als das exakte Gegenteil dessen beschreiben. Meines Erachtens kann sich oppositionelle Theorie nur durch die Anerkennung eines erkenntnistheoretischen Bruchs im Sinne eines Bruchs mit den Individuen und ihren spontanen Vorstellungen entfalten. Aber dies ist eben ein erkenntnistheoretischer, kognitiver Bruch, nicht ein institutioneller. Eine solche Praxis zielt nicht auf die Institutionalisierung eines professionellen, von der Außenwelt abgetrennten Raums, sondern soll im Gegenteil die Ausarbeitung eines an der Außenwelt orientierten Wissens ermöglichen, das sich an Aktivisten, Journalisten, Künstler, Schriftsteller, andere Intellektuelle und Forscher usw. richtet. Es gibt bestimmte Arten, Unterschiede zu leugnen, mit denen man sie in Wirklichkeit konstruiert, und es gibt Arten, sie zu akzeptieren, durch die sie überwunden werden können. Wer sich durch keinerlei intellektuelle oder kognitive Besonderheit mehr auszeichnet, kann seine besondere soziale Identität nur noch dadurch erlangen, dass er sie institutionell konstruiert. Die heutige Verhärtung des institutionell-professionellen Betriebs erklärt sich großenteils dadurch, dass die Forschung kein Wissen produziert, das dem gewöhnlichen Wissen überlegen wäre – gemäß einer ähnlichen Logik wie der, die Norbert Elias an der Entwicklung der Klassengrenzen aufzeigte: Je mehr sich der Gedanke durchsetzte, dass alle Menschen zusammen eine Gemeinschaft bilden, umso mehr wurden die institutionellen und räumlichen Grenzen zwischen den Klassen verstärkt, denn die Abstände mussten nun markiert werden, um ihr Fortbestehen sicherzustellen.

Erste Auflage Berlin 2018

MSB Matthes & Seitz Berlin Verlagsgesellschaft mbH
Göhrener Str. 7, 10437 Berlin
info@matthes-seitz-berlin.de

Penser dans un monde mauvais
Presses Universitäres de France

Einbandgestaltung: Dirk Lebahn, Berlin
Satz und Gestaltung: Gaby Michel, Hamburg
Druck und Bindung: Pustet, Regensburg
Printed in Germany
ISBN 978-3-95757-527-2
www.matthes-seitz-berlin.de

POLITISCHE THEORIE BEI MATTHES & SEITZ BERLIN

Thomas Hippler

Die Regierung des Himmels

Globalgeschichte des Luftkriegs

Aus dem Französischen von Daniel Fastner

272 Seiten, gebunden mit Schutzumschlag

ISBN 978-3-95757-336-0

1911 wird über Libyen zum ersten Mal in der Weltgeschichte eine Bombe aus einem Flugzeug abgeworfen. Genau hundert Jahre später fallen im Zuge des NATO-Einsatzes wieder Bomben auf das Land. Zurück bleibt ein zerfallener Staat, der im Chaos versinkt. Thomas Hippler schildert in seiner fulminanten und Maßstäbe setzenden Globalgeschichte des Kriegs aus der Luft die Entwicklung dieser apokalyptischen Kampfform, die erstmalig die gesamte Bevölkerung ins Visier nimmt und den Krieg als Kollektivstrafe im bittersten Sinne des Wortes demokratisierte. Als Resultat der angestrebten Weltordnung regiert das globale Chaos. Die Regierung des Himmels, die darauf verzichtet, den Boden zu befrieden, markiert den Beginn der Kriege ohne ein Ende, die wir heute überall beobachten können.

»In fesselnd geschriebenen kurzen Essays erzählt Thomas Hippler die Geschichte des Bombenkriegs seit 1911.«

Frankfurter Allgemeine Zeitung

»Ein kluger Essay über das Verhältnis von Demokratie und Krieg.«

Deutschlandfunk Kultur